Puzzles for Mindfulness

SUDOKU

Take time out to de-stress
with this brilliant compilation

SIRIUS

SIRIUS

This edition published in 2022 by Sirius Publishing, a division of
Arcturus Publishing Limited,
26/27 Bickels Yard, 151–153 Bermondsey Street,
London SE1 3HA

ISBN: 978-1-3988-1946-7
AD010383NT

Printed in China

Contents

How to Solve Sudoku Puzzles 4

Puzzles:

★ **Beginners'** 5
For those who are new to sudoku

★ ★ **Gentle** 16
Warm up with these puzzles

★ ★ ★ **Engrossing** 48
Give your mind a workout

★ ★ ★ ★ **Challenging** 113
Hone your solving skills with these teasers

★ ★ ★ ★ ★ **Expert** 135
For those who are expert sudoku solvers

Solutions 144

How to Solve Sudoku Puzzles

Each sudoku puzzle begins with a grid in which some of the numbers are already in place:

	9	6			8		3	
		1		4	2			
5						8	1	9
4		7	1	2				3
		8	7		6	5		
2				9	4	6		1
8	7	2						5
			3	5		1		
	3		2			4	6	

You need to study the grid in order to decide where other numbers might fit. The numbers used in a sudoku puzzle are 1, 2, 3, 4, 5, 6, 7, 8 and 9 (0 is never used).

For example, in the top left box the number cannot be 9, 6, 8 or 3 (these numbers are already in the top row); nor can it be 5, 4 or 2 (these numbers are already in the far left column); nor can it be 1 (this number is already in the top left box of nine squares), so the number in the top left square is 7, since that is the only possible remaining number.

A completed puzzle is one where every row, every column and every box contains nine different numbers, as shown below:

Column

7	9	6	5	1	8	2	3	4
3	8	1	9	4	2	7	5	6
5	2	4	6	7	3	8	1	9
4	6	7	1	2	5	9	8	3
9	1	8	7	3	6	5	4	2
2	5	3	8	9	4	6	7	1
8	7	2	4	6	1	3	9	5
6	4	9	3	5	7	1	2	8
1	3	5	2	8	9	4	6	7

Row →

Box →

2		7	4		1			5
				5	7	2		3
9		8			3	1		
	1			2	5		8	9
	6	9		4		5	2	
8	2		9	1			7	
		4	5			9		8
5		2	1	8				
3			6		9	4		2

★

2		8	1		4			6
	7		5	8		1		4
6			3		2	7		
	8			4	1		5	
1	4			6			3	2
	9		2	5			4	
		1	6		5			9
4		7		1	9		6	
5			4		7	2		8

Start each day with
a positive thought
and a grateful heart.

Roy T. Bennett

★

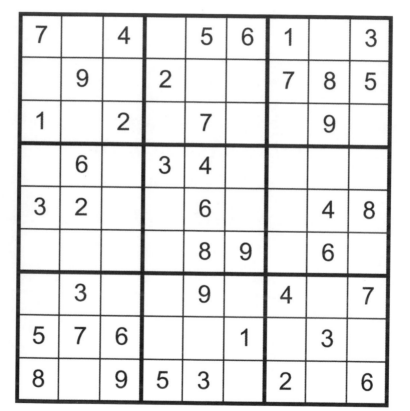

7		4		5	6	1		3
	9		2			7	8	5
1		2		7			9	
	6		3	4				
3	2			6			4	8
				8	9		6	
	3			9		4		7
5	7	6			1		3	
8		9	5	3		2		6

★

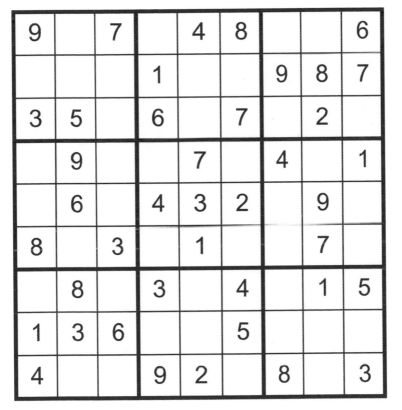

9		7		4	8			6
			1			9	8	7
3	5		6		7		2	
	9			7		4		1
	6		4	3	2		9	
8		3		1			7	
	8		3		4		1	5
1	3	6			5			
4			9	2		8		3

★

5		3	8	2				4
					7	5	8	3
1	6		3		4		9	
8		1		7			3	
	4		9	1	2		5	
	5			3		2		7
	8		2		1		7	6
7	1	4	6					
2				9	5	8		1

★

3		4			7	8		9
		8	2	9	6	1		
	6				8		2	5
4			6	8			7	
8		9		2		5		6
	5			3	1			2
2	9		1				4	
		6	4	5	2	3		
7		3	8			2		1

★

	6			1			8	3
5	3		4				9	6
	1	8			9	5	7	
2		6		8	5			
3			9		2			4
			3	7		2		1
	9	3	2			7	4	
7	2				6		1	9
1	8			9			2	

★

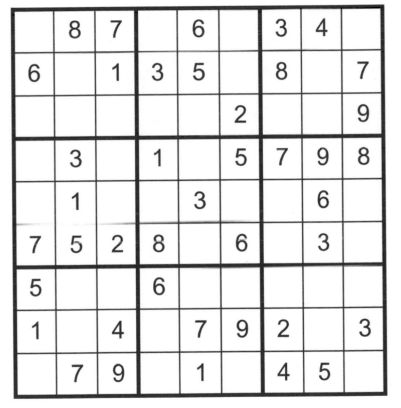

	8	7		6		3	4	
6		1	3	5		8		7
					2			9
	3		1		5	7	9	8
	1			3			6	
7	5	2	8		6		3	
5			6					
1		4		7	9	2		3
	7	9		1		4	5	

9	5	6					8	
		4	2		9	7		
8		2		4	6		3	1
			9	3			4	2
7			8	5	2			9
5	2			6	1			
1	9		3	7		4		6
		7	1		5	8		
	3					1	5	7

4			2	6	3			1
	7	2		8			4	5
1		9					8	
8					9	5	1	3
		4	3	7	2	9		
6	9	3	8					7
	4					1		9
7	8			9		2	3	
9			5	2	4			6

★ ★

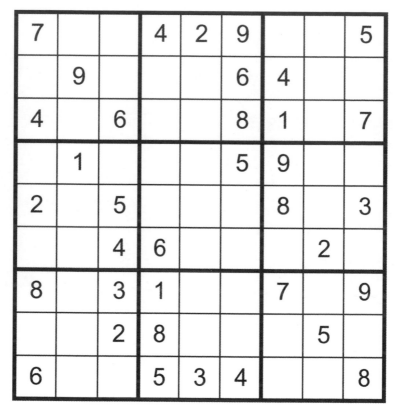

7			4	2	9			5
8	9				6	4		
4		6			8	1		7
	1				5	9		
2		5				8		3
		4	6				2	
8		3	1			7		9
		2	8				5	
6			5	3	4			8

★ ★

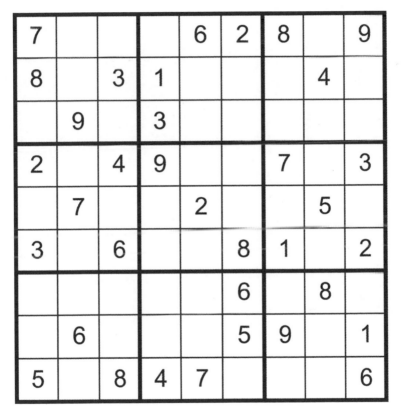

7				6	2	8		9
8		3	1				4	
	9		3					
2		4	9			7		3
	7			2			5	
3		6			8	1		2
					6		8	
	6				5	9		1
5		8	4	7				6

★ ★

			8	6	9			3
3	1	8		5				6
			1		3			4
	5		7		2	9		
7		2				4		1
		9	4		5		3	
5			6		7			
6				4		8	7	9
9			3	2	8			

★ ★

9			1	3	7			
3				6		4	1	9
2			4		9			
	7		5		8	6		
4	2						8	5
		9	2		6		7	
			3		5			6
7	1	5		2				3
			9	8	1			7

★ ★

	4	8		3	1		6	
		3	8					5
7		2	4				8	
1	8			7		2		
9			2		5			7
		6		9			5	4
	6				2	5		3
4					7	1		
	2		5	1		4	9	

The meaning of life is just
to be alive. It is so plain and
so obvious and so simple.
And yet, everybody rushes
around in a great panic
as if it were necessary
to achieve something
beyond themselves.

Alan Watts

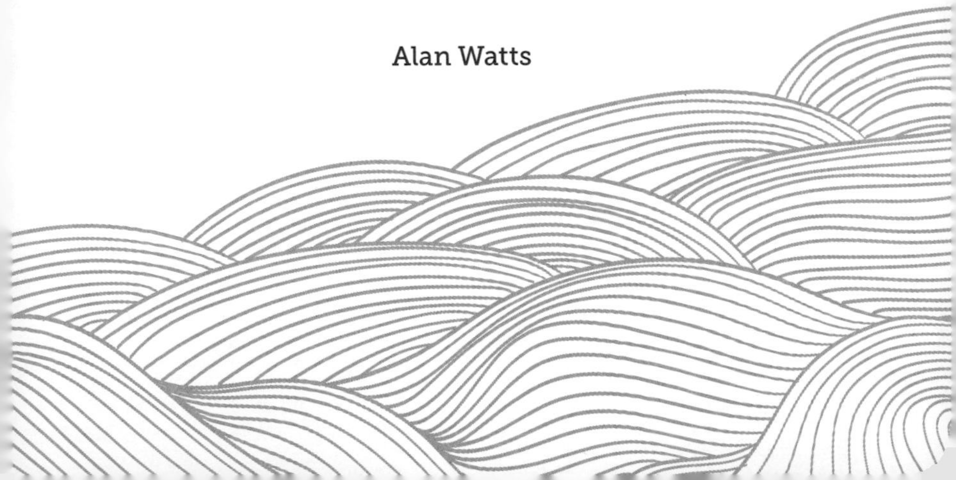

★ ★

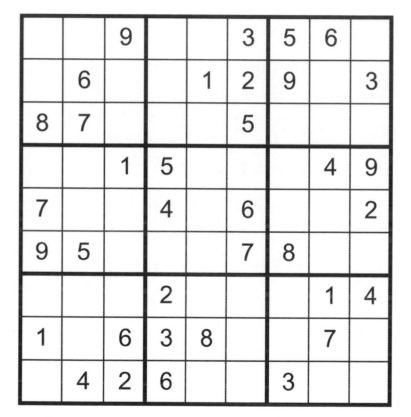

		9			3	5	6	
	6			1	2	9		3
8	7				5			
		1	5				4	9
7			4		6			2
9	5				7	8		
			2				1	4
1		6	3	8			7	
	4	2	6			3		

★ ★

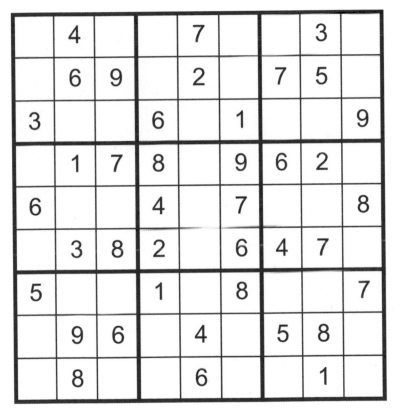

	4			7			3	
	6	9		2		7	5	
3			6		1			9
	1	7	8		9	6	2	
6			4		7			8
	3	8	2		6	4	7	
5			1		8			7
	9	6		4		5	8	
	8			6			1	

★ ★

		3	4			5		9
2			8	6			3	
5	7	4			9			
3	4			5		1		
		7	2		6	8		
		8		1			2	5
			5			3	8	1
	1			2	3			7
4		9			1	6		

★ ★

6				5	1		4	7
	9		8					
1		5		2		9		6
		4			9	1	3	5
		2				8		
7	5	9	3			4		
5		3		8		6		4
					7		1	
2	8		4	9				3

★ ★

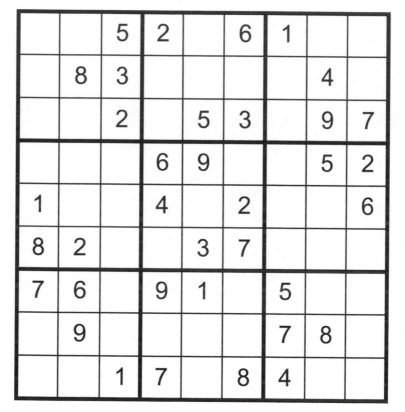

		5	2		6	1		
	8	3					4	
		2		5	3		9	7
			6	9			5	2
1			4		2			6
8	2			3	7			
7	6		9	1		5		
	9					7	8	
		1	7		8	4		

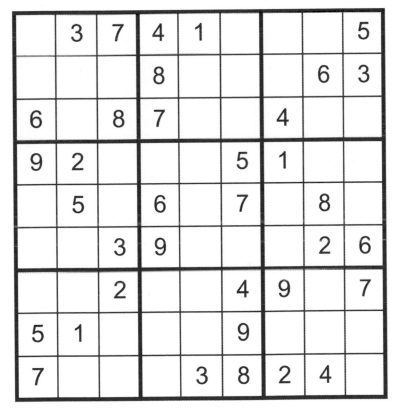

	3	7	4	1				5
			8				6	3
6		8	7			4		
9	2				5	1		
	5		6		7		8	
		3	9				2	6
		2			4	9		7
5	1				9			
7				3	8	2	4	

★ ★

	5	9		6				7
	1			7	2	4	6	
			8			2	3	9
3			6	4				
5		4				7		1
				5	7			3
4	9	2			1			
	8	7	3	2			5	
6				9		8	1	

★ ★

9	1		8					6
		2				3	8	5
	4		6	2				
		6	4	8		1	5	
	2		5		9		3	
	9	4		7	1	8		
				1	8		4	
4	3	7				2		
6					3		9	7

★ ★

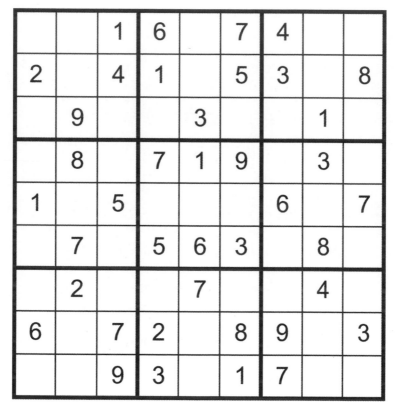

		1	6		7	4		
2		4	1		5	3		8
	9			3			1	
	8		7	1	9		3	
1		5				6		7
	7		5	6	3		8	
	2			7			4	
6		7	2		8	9		3
		9	3		1	7		

25

	7	4	1	2			3	
					3			4
3					7	6	9	
	8	3			4	9	5	
2				5				7
	5	1	6			2	8	
	4	8	9					1
6			8					
	2			3	5	4	6	

★ ★

9				7		4	8	1
3			4					
5				2	8			
	5	3	7		6	1	9	
4	1						2	6
	8	9	2		4	7	5	
			8	6				5
					9			7
1	9	6		3				8

★ ★

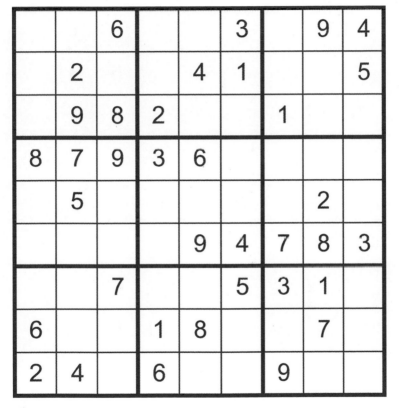

		6			3		9	4
	2			4	1			5
	9	8	2			1		
8	7	9	3	6				
	5						2	
				9	4	7	8	3
		7			5	3	1	
6			1	8			7	
2	4		6			9		

★ ★

	2		8		4		1	
		9				6	3	
7		5		1	3		8	
				3	7	8		6
4			9		8			2
8		1	4	5				
	1		5	2		4		7
	7	6				5		
	9		7		6		2	

If you are facing in
the right direction,
all you need to do is
keep on walking.

Buddha

★ ★

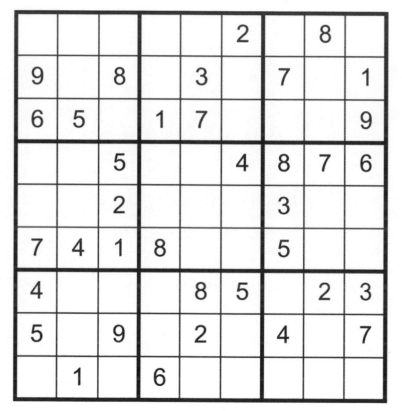

					2		8	
9		8		3		7		1
6	5		1	7				9
		5			4	8	7	6
		2				3		
7	4	1	8			5		
4				8	5		2	3
5		9		2		4		7
	1		6					

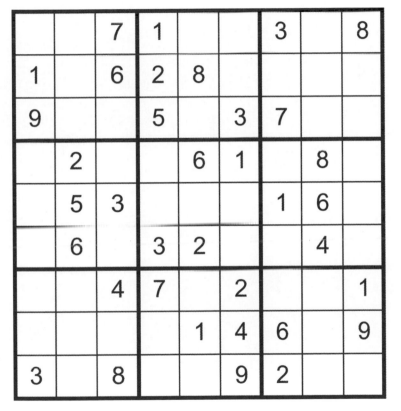

		7	1			3		8
1		6	2	8				
9			5		3	7		
	2			6	1		8	
	5	3				1	6	
	6		3	2			4	
		4	7		2			1
				1	4	6		9
3		8			9	2		

★ ★

9			5	2		3	7	
4			7		6			2
7		6				5		
	1	9	3	5				
	3		4		1		2	
				8	7	1	6	
		4				6		8
2			1		3			9
	7	5		9	8			1

★ ★

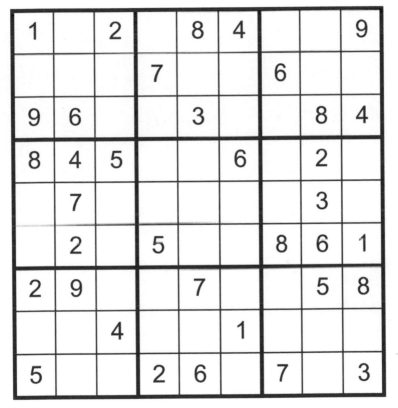

1		2		8	4			9
			7			6		
9	6			3			8	4
8	4	5			6		2	
	7						3	
	2		5			8	6	1
2	9			7			5	8
		4			1			
5			2	6		7		3

★ ★

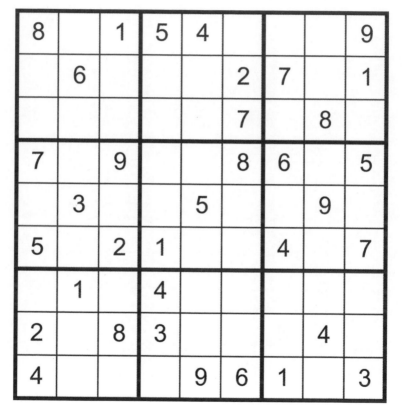

8		1	5	4				9
	6				2	7		1
					7		8	
7		9			8	6		5
	3			5			9	
5		2	1			4		7
	1		4					
2		8	3				4	
4				9	6	1		3

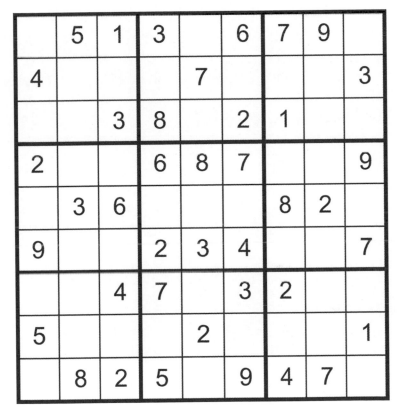

	5	1	3		6	7	9	
4				7				3
		3	8		2	1		
2			6	8	7			9
	3	6				8	2	
9			2	3	4			7
		4	7		3	2		
5				2				1
	8	2	5		9	4	7	

★ ★

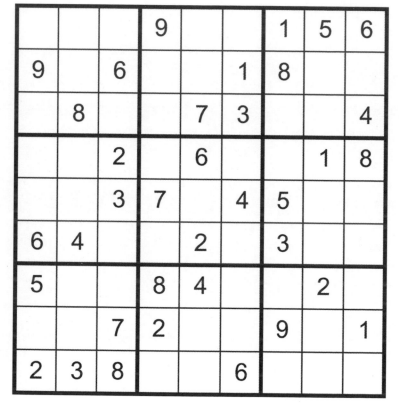

			9			1	5	6
9		6			1	8		
	8			7	3			4
		2		6			1	8
		3	7		4	5		
6	4			2		3		
5			8	4			2	
		7	2			9		1
2	3	8			6			

★ ★

9		2		1		6	3	
			3	7	5			
		1					4	8
5	9	8			4			1
	4		5		3		2	
6			1			4	5	7
4	8					2		
			9	3	2			
	3	5		4		1		6

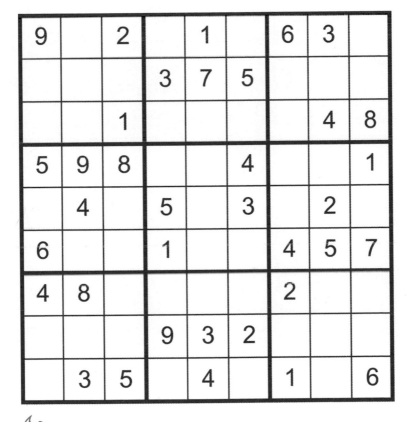

★ ★

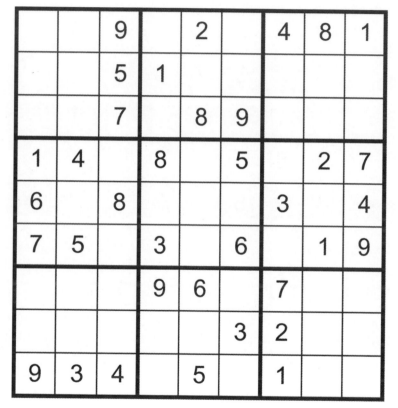

		9		2		4	8	1
		5	1					
		7		8	9			
1	4		8		5		2	7
6		8				3		4
7	5		3		6		1	9
			9	6		7		
					3	2		
9	3	4		5		1		

★ ★

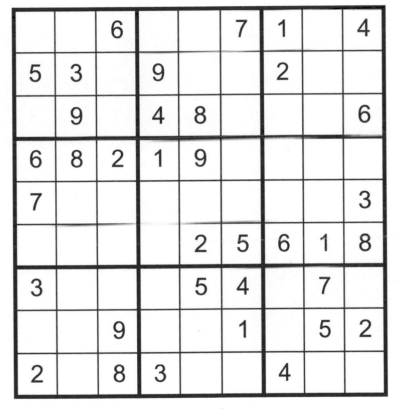

		6			7	1		4
5	3		9			2		
	9		4	8				6
6	8	2	1	9				
7								3
				2	5	6	1	8
3				5	4		7	
		9			1		5	2
2		8	3			4		

★ ★

1			3	6				
5		9	8			2		
	4					1	9	8
	3		6	9			1	5
8			5		7			4
7	6			3	1		2	
3	8	7					4	
		2			3	5		6
				4	2			1

★ ★

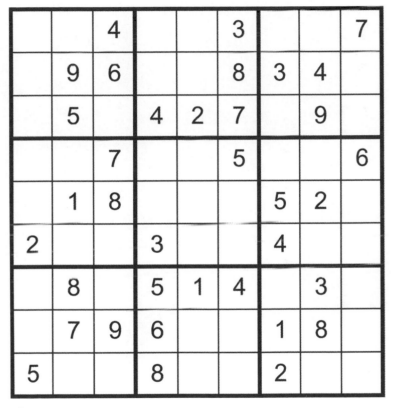

		4			3			7
	9	6			8	3	4	
	5		4	2	7		9	
		7			5			6
	1	8				5	2	
2			3			4		
	8		5	1	4		3	
	7	9	6			1	8	
5			8			2		

★ ★ ★

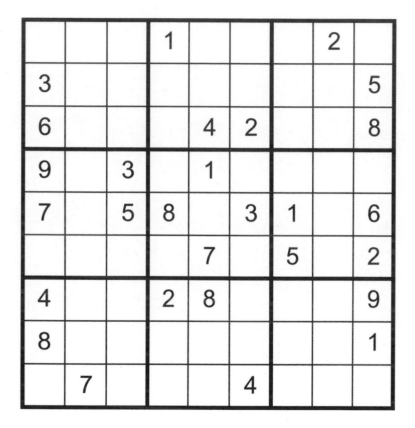

			1				2	
3								5
6				4	2			8
9		3		1				
7		5	8		3	1		6
				7		5		2
4			2	8				9
8								1
	7				4			

Mindfulness is simply being aware of what is happening right now without wishing it were different; enjoying the pleasant without holding on when it changes (which it will); being with the unpleasant without fearing it will always be this way (which it won't).

James Baraz

★ ★ ★

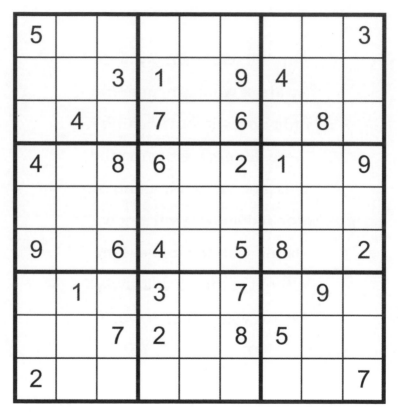

5								3
		3	1		9	4		
	4		7		6		8	
4		8	6		2	1		9
9		6	4		5	8		2
	1		3		7		9	
		7	2		8	5		
2								7

★ ★ ★

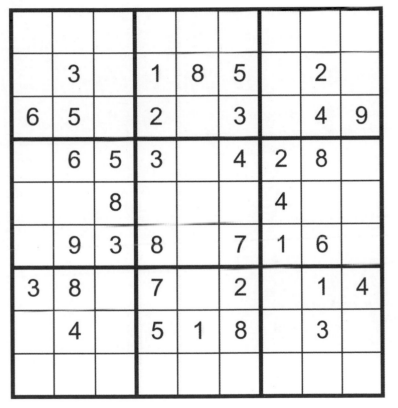

★ ★ ★

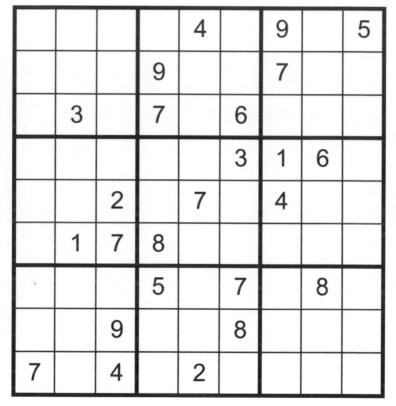

				4		9		5
			9			7		
	3		7		6			
					3	1	6	
		2		7		4		
	1	7	8					
			5		7		8	
		9			8			
7		4		2				

★ ★ ★

	6		9		2		8	
5			4		7			3
		2				1		
9		4	6		8	3		7
1		3	2		4	5		8
		7				9		
2			7		1			6
	5		8		9		3	

★ ★ ★

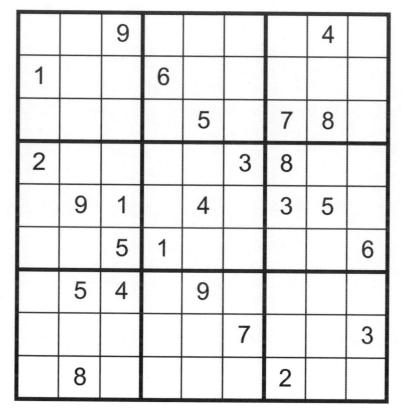

		9					4	
1			6					
				5		7	8	
2					3	8		
	9	1		4		3	5	
		5	1					6
	5	4		9				
					7			3
	8					2		

★ ★ ★

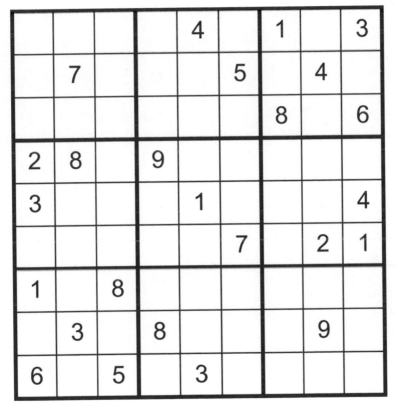

				4		1		3
	7				5		4	
						8		6
2	8		9					
3				1				4
					7		2	1
1		8						
	3		8				9	
6		5		3				

★ ★ ★

				4				
	3		2		6		5	
8			3		5			4
9	8		6		1		4	5
		6		3		7		
1	2		5		4		8	9
2			4		7			1
	9		8		2		7	
				6				

★ ★ ★

			3	6	7			
6		2	4		9	5		3
9				5				4
		1				8		
4								9
		5				2		
8				7				2
5		7	9		2	3		1
			5	1	8			

★ ★ ★

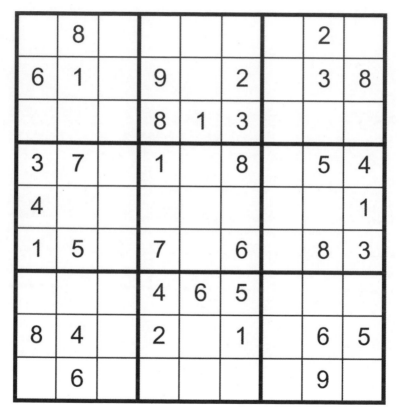

	8						2	
6	1		9		2		3	8
			8	1	3			
3	7		1		8		5	4
4								1
1	5		7		6		8	3
			4	6	5			
8	4		2		1		6	5
	6						9	

★ ★ ★

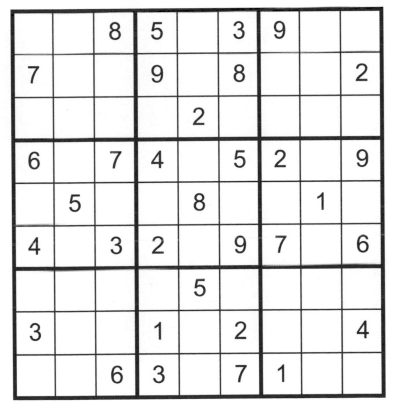

		8	5		3	9		
7			9		8			2
				2				
6		7	4		5	2		9
	5			8			1	
4		3	2		9	7		6
				5				
3			1		2			4
		6	3		7	1		

★ ★ ★

		3		6		9		
4			7		9			2
	8		4		2		1	
	1	6				4	5	
7								1
	3	2				8	7	
	2		8		7		9	
1			3		6			4
		5		4		2		

★ ★ ★

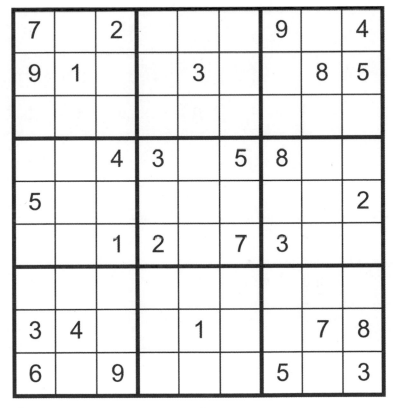

7		2				9		4
9	1			3			8	5
		4	3		5	8		
5								2
		1	2		7	3		
3	4			1			7	8
6		9				5		3

★ ★ ★

		6				7		
	4		6		1		5	
9	1			8			6	4
6				3				8
			9		2			
3				7				6
1	3			5			8	7
	5		3		6		9	
		9				2		

We spend precious hours fearing the inevitable. It would be wise to use that time adoring our families, cherishing our friends and living our lives.

Maya Angelou

★ ★ ★

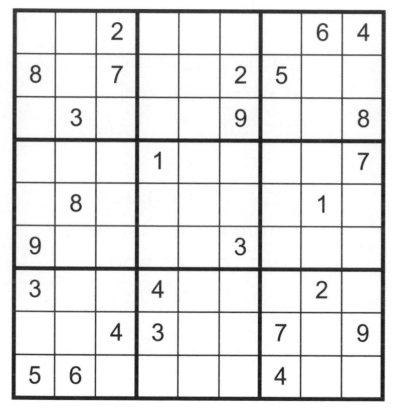

		2					6	4
8		7			2	5		
	3				9			8
			1					7
	8						1	
9					3			
3			4				2	
		4	3			7		9
5	6					4		

★ ★ ★

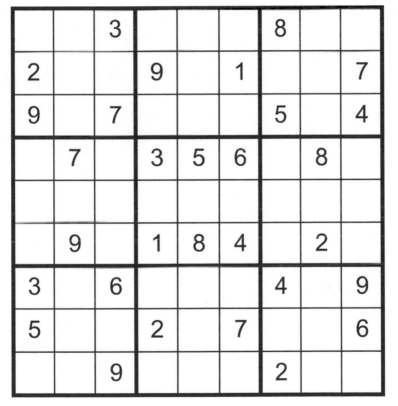

		3				8		
2			9		1			7
9		7				5		4
	7		3	5	6		8	
	9		1	8	4		2	
3		6				4		9
5			2		7			6
		9				2		

★ ★ ★

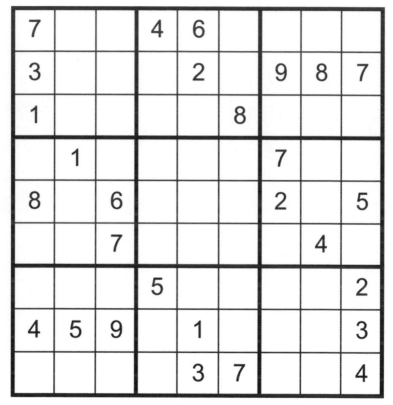

7			4	6				
3				2		9	8	7
1					8			
	1					7		
8		6				2		5
		7					4	
			5					2
4	5	9		1				3
				3	7			4

★ ★ ★

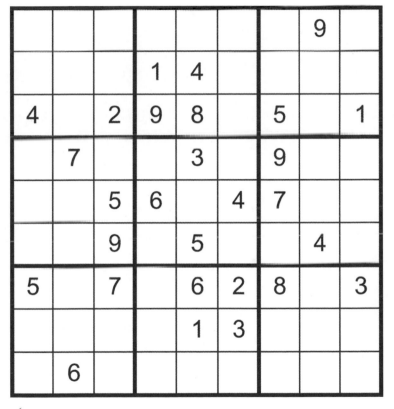

							9	
			1	4				
4		2	9	8		5		1
	7			3		9		
		5	6		4	7		
		9		5			4	
5		7		6	2	8		3
				1	3			
	6							

★ ★ ★

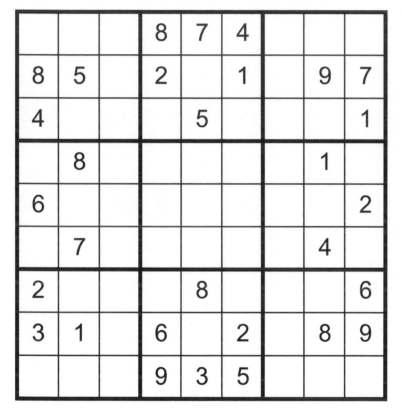

			8	7	4			
8	5		2		1		9	7
4				5				1
	8						1	
6								2
	7						4	
2				8				6
3	1		6		2		8	9
			9	3	5			

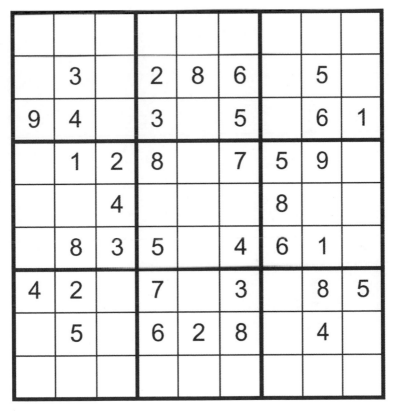

	3		2	8	6		5	
9	4		3		5		6	1
	1	2	8		7	5	9	
		4				8		
	8	3	5		4	6	1	
4	2		7		3		8	5
	5		6	2	8		4	

★ ★ ★

				3				
	6		5		8		2	
8			4		2			1
4	1		7		5		6	2
		8		9		3		
5	7		3		6		1	4
7			2		3			9
	5		9		7		4	
				5				

★ ★ ★

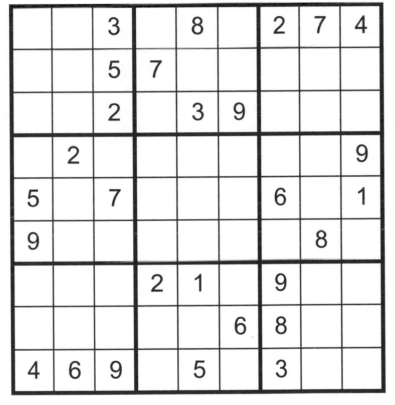

		3		8		2	7	4
		5	7					
		2		3	9			
	2							9
5		7				6		1
9							8	
			2	1		9		
					6	8		
4	6	9		5		3		

★ ★ ★

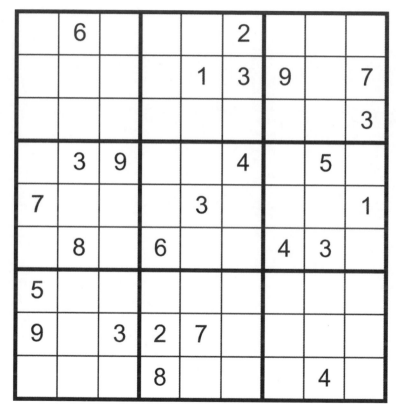

	6				2			
				1	3	9		7
								3
	3	9			4		5	
7				3				1
	8		6			4	3	
5								
9		3	2	7				
			8				4	

★ ★ ★

7		3		9	2	5		8
							9	
				4	3			
	1			5				6
8			9		1			5
6				3			8	
			4	1				
	6							
5		4	6	7		1		2

★ ★ ★

		5	4		3	1		
1			2		6			8
	8						9	
5	7		9		1		2	4
6	2		7		4		1	5
	3						7	
9			5		7			3
		2	3		8	6		

★ ★ ★

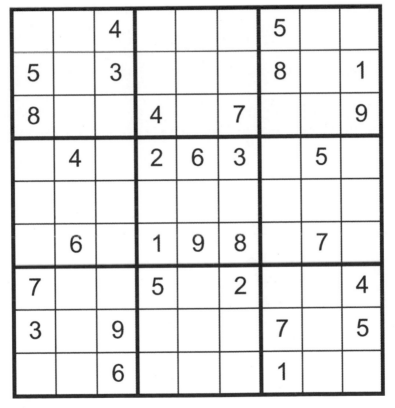

		4				5		
5		3				8		1
8			4		7			9
	4		2	6	3		5	
	6		1	9	8		7	
7			5		2			4
3		9				7		5
		6				1		

★ ★ ★

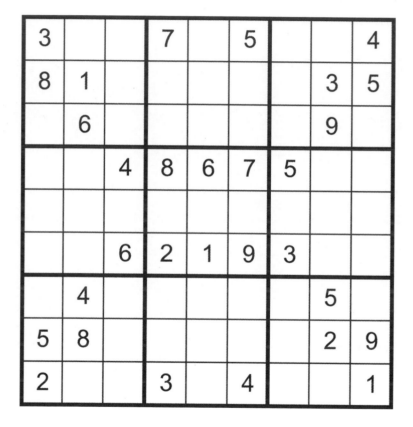

3			7		5			4
8	1						3	5
	6						9	
		4	8	6	7	5		
		6	2	1	9	3		
	4						5	
5	8						2	9
2			3		4			1

Nothing is worth more than this day. You cannot relive yesterday. Tomorrow is still beyond your reach.

Johann Wolfgang von Goethe

★ ★ ★

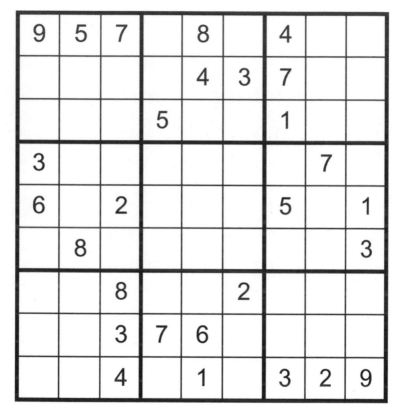

9	5	7		8		4		
				4	3	7		
			5			1		
3							7	
6		2				5		1
	8							3
		8			2			
		3	7	6				
		4		1		3	2	9

★ ★ ★

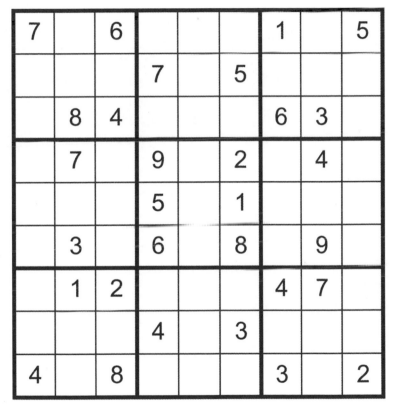

7		6				1		5
			7		5			
	8	4				6	3	
	7		9		2		4	
			5		1			
	3		6		8		9	
	1	2				4	7	
			4		3			
4		8				3		2

★ ★ ★

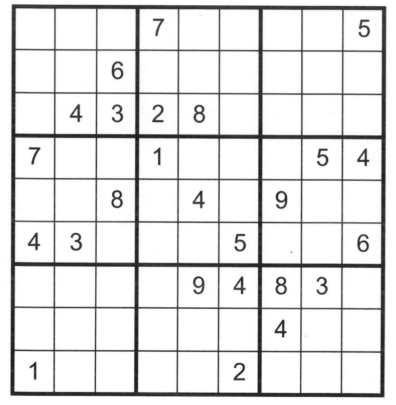

			7					5
		6						
	4	3	2	8				
7			1				5	4
		8		4		9		
4	3				5			6
				9	4	8	3	
						4		
1					2			

★ ★ ★

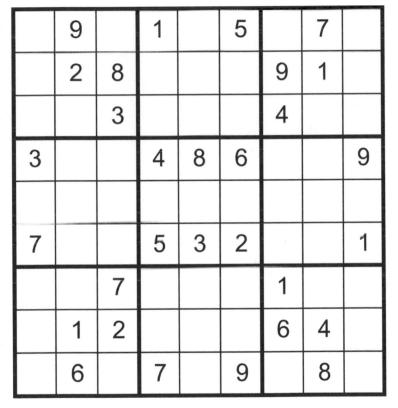

	9		1		5		7	
	2	8				9	1	
		3				4		
3			4	8	6			9
7			5	3	2			1
		7				1		
	1	2				6	4	
	6		7		9		8	

★ ★ ★

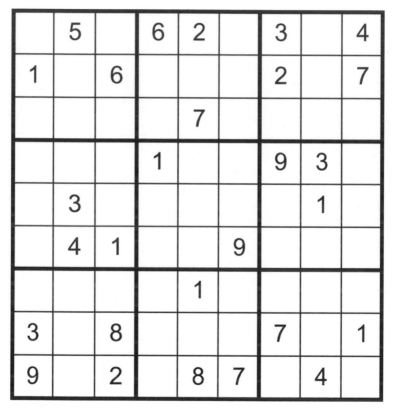

	5		6	2		3		4
1		6				2		7
				7				
			1			9	3	
	3						1	
	4	1			9			
				1				
3		8				7		1
9		2		8	7		4	

★ ★ ★

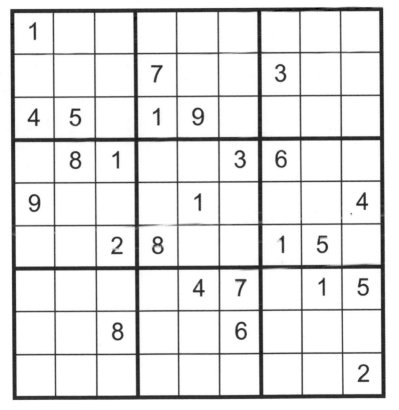

1								
			7			3		
4	5		1	9				
	8	1			3	6		
9				1				4
		2	8			1	5	
				4	7		1	5
		8			6			
								2

★ ★ ★

1				6				
	7	4	1		3			
	9	6			7			
	8	9	4		5	7	3	
4								9
	3	2	8		6	4	1	
			7			3	5	
			5		1	9	2	
				3				4

★ ★ ★

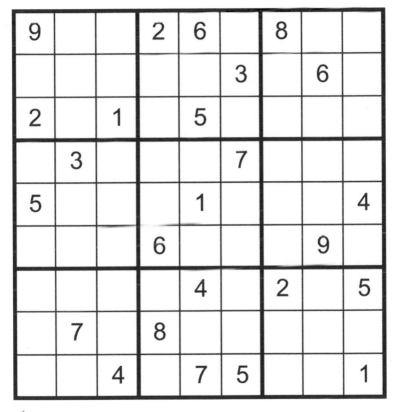

9			2	6		8		
					3		6	
2		1		5				
	3				7			
5				1				4
			6				9	
				4		2		5
	7		8					
		4		7	5			1

★ ★ ★

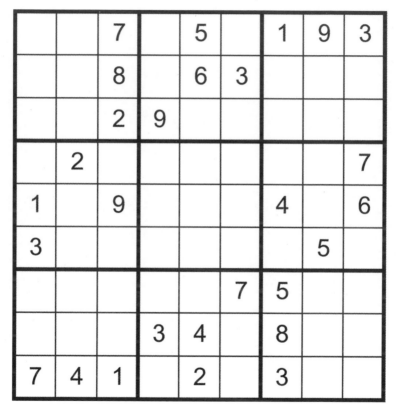

		7		5		1	9	3
		8		6	3			
		2	9					
	2							7
1		9				4		6
3							5	
					7	5		
			3	4		8		
7	4	1		2		3		

★ ★ ★

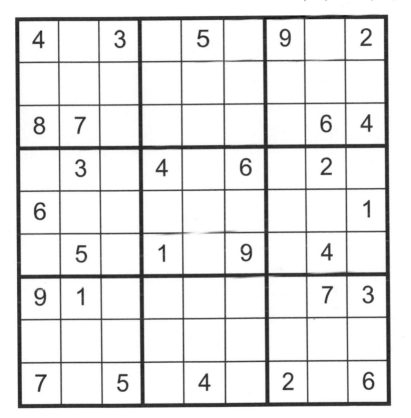

4		3		5		9		2
8	7						6	4
	3		4		6		2	
6								1
	5		1		9		4	
9	1						7	3
7		5		4		2		6

★ ★ ★

		4	6	2		3		
	8				4			
		2				5		
9		3		5				
7		8	2		9	1		5
				8		6		7
		9				7		
			5				6	
		1		4	6	2		

★ ★ ★

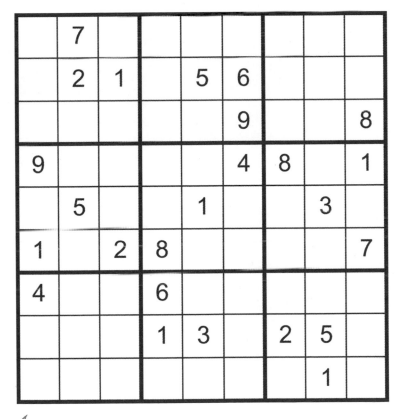

	7							
	2	1		5	6			
					9			8
9					4	8		1
	5			1			3	
1		2	8					7
4			6					
			1	3		2	5	
							1	

★ ★ ★

	3	8	2		1	4	6	
	1		7	5	3		2	
1	4		5		9		8	7
5								6
3	8		1		6		5	2
	6		3	7	5		1	
	5	1	9		2	6	7	

Adopt the pace of
nature: Her secret
is patience.

Ralph Waldo Emerson

★ ★ ★

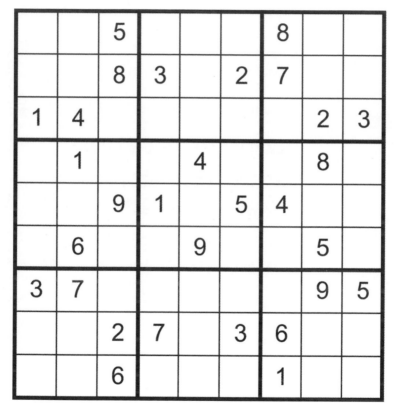

		5				8		
		8	3		2	7		
1	4						2	3
	1			4			8	
		9	1		5	4		
	6			9			5	
3	7						9	5
		2	7		3	6		
		6				1		

★ ★ ★

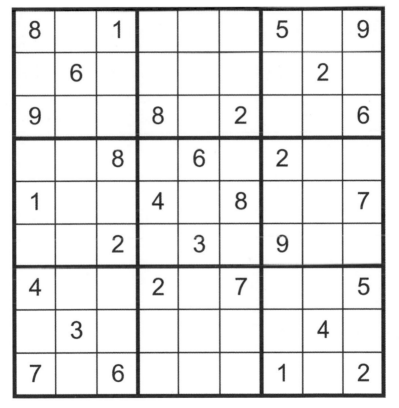

8		1				5		9
	6						2	
9			8		2			6
		8		6		2		
1			4		8			7
		2		3		9		
4			2		7			5
	3						4	
7		6				1		2

★ ★ ★

5			1	2	6			4
2		4	7		3	5		6
9	2		6		7		5	8
	4						6	
6	3		5		4		1	9
4		8	3		5	9		1
3			2	6	1			5

★ ★ ★

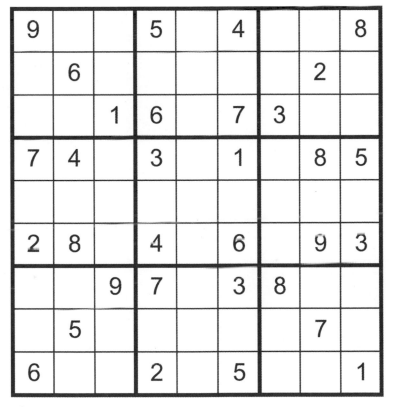

9			5		4			8
	6						2	
		1	6		7	3		
7	4		3		1		8	5
2	8		4		6		9	3
		9	7		3	8		
	5						7	
6			2		5			1

★ ★ ★

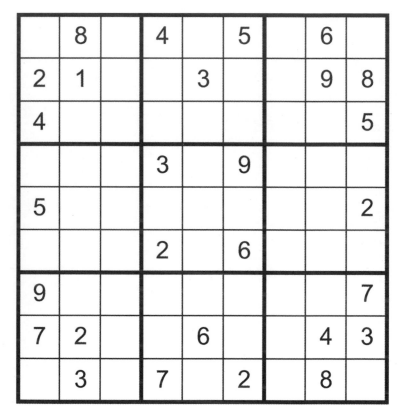

	8		4		5		6	
2	1			3			9	8
4								5
			3		9			
5								2
			2		6			
9								7
7	2			6			4	3
	3		7		2		8	

★ ★ ★

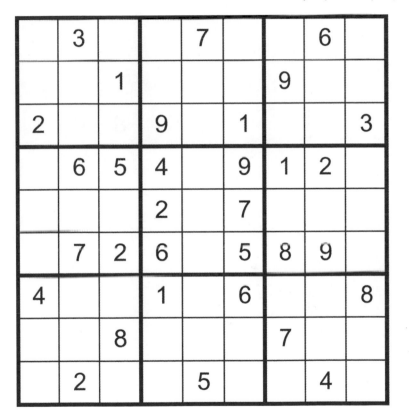

	3			7			6	
		1				9		
2			9		1			3
	6	5	4		9	1	2	
			2		7			
	7	2	6		5	8	9	
4			1		6			8
		8				7		
	2			5			4	

★ ★ ★

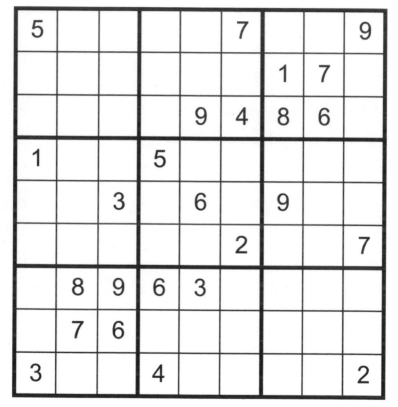

5					7			9
						1	7	
				9	4	8	6	
1			5					
		3		6		9		
				2				7
	8	9	6	3				
	7	6						
3			4					2

★ ★ ★

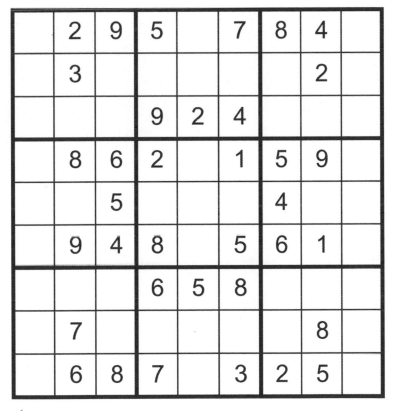

	2	9	5		7	8	4	
	3						2	
			9	2	4			
	8	6	2		1	5	9	
		5				4		
	9	4	8		5	6	1	
			6	5	8			
	7						8	
	6	8	7		3	2	5	

★ ★ ★

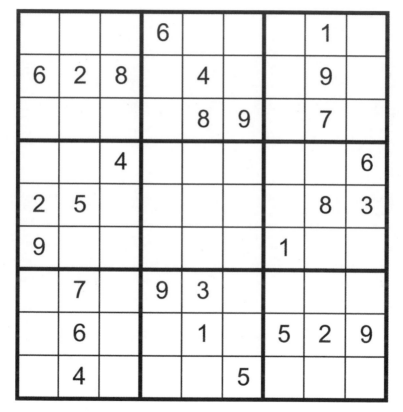

			6				1	
6	2	8		4			9	
				8	9		7	
		4						6
2	5						8	3
9						1		
	7		9	3				
	6			1		5	2	9
	4				5			

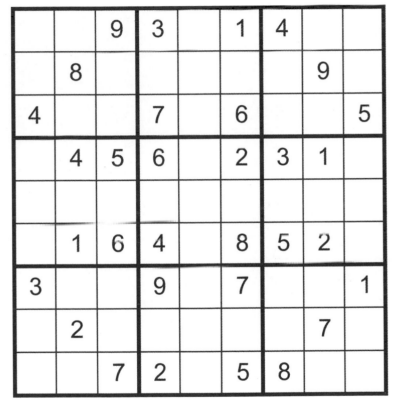

		9	3		1	4		
	8						9	
4			7		6			5
	4	5	6		2	3	1	
	1	6	4		8	5	2	
3			9		7			1
	2						7	
		7	2		5	8		

★ ★ ★

	1		3		4		2	
3			7		9			8
		5				7		
		3	1	4	2	9		
	8						6	
		9	6	8	3	1		
		4				2		
9			4		6			7
	5		8		1		4	

★ ★ ★

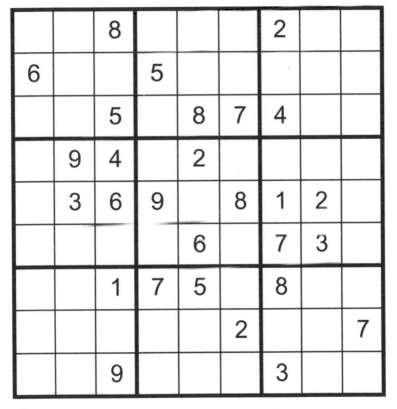

		8				2		
6			5					
		5		8	7	4		
	9	4		2				
	3	6	9		8	1	2	
				6		7	3	
		1	7	5		8		
					2			7
		9				3		

★ ★ ★

	3	7						
	1	8		9	3			
9					5			2
4					6			
	9			3			1	
			2					7
6			7					1
			5	1		3	8	
						7	4	

Acknowledging the
good that you already
have in your life is
the foundation for
all abundance.

Eckhart Tolle

★ ★ ★

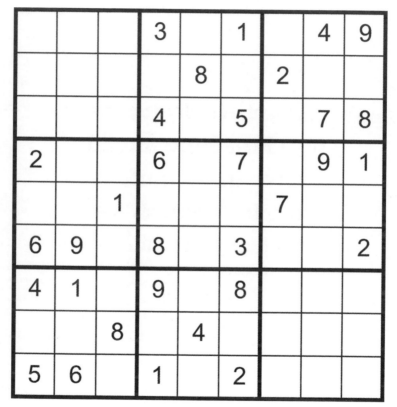

			3		1		4	9
				8		2		
			4		5		7	8
2			6		7		9	1
		1				7		
6	9		8		3			2
4	1		9		8			
		8		4				
5	6		1		2			

★ ★ ★

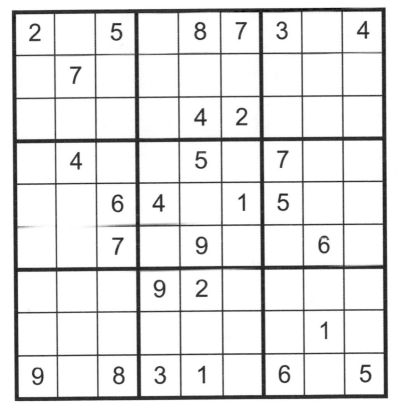

2		5		8	7	3		4
	7							
				4	2			
	4			5		7		
		6	4		1	5		
		7		9			6	
			9	2				
							1	
9		8	3	1		6		5

★ ★ ★

			4	5	8			
	6	5	1		2	8	3	
		1		3		4		
	4							5
		2				7		
	1							8
		7		8		2		
	8	6	2		7	9	1	
			3	9	6			

★ ★ ★

	9	6				7	8	
			6		8			
1		8				9		4
8			9		3			1
			4		2			
3			7		5			6
6		5				8		7
			2		1			
	2	4				5	1	

★ ★ ★

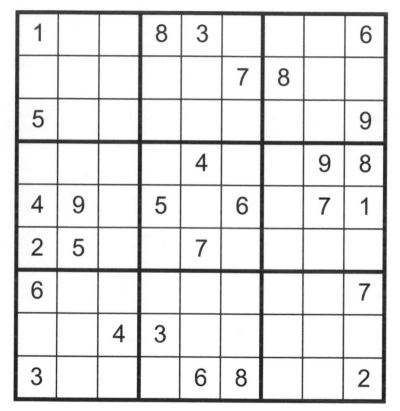

1			8	3				6
					7	8		
5								9
				4			9	8
4	9		5		6		7	1
2	5			7				
6								7
		4	3					
3				6	8			2

★ ★ ★

3	4		2				5	
	5					6		1
		8	5					2
					2			3
		9				7		
4			9					
7					3	2		
5		6					8	
	1				8		4	7

★ ★ ★

		4	7		2	9		
	3		8		5		4	
1								3
8	7		1		4		9	6
4	9		6		7		5	8
6								2
	2		9		6		1	
		5	2		3	8		

★ ★ ★ ★

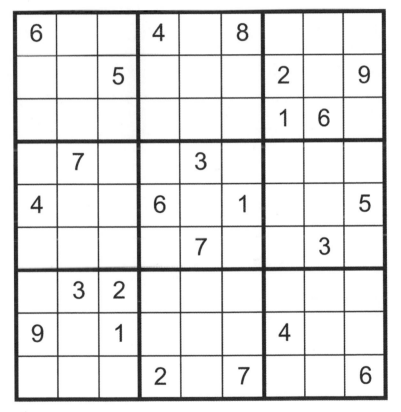

6			4		8			
		5				2		9
						1	6	
	7			3				
4			6		1			5
				7			3	
	3	2						
9		1				4		
			2		7			6

★ ★ ★ ★

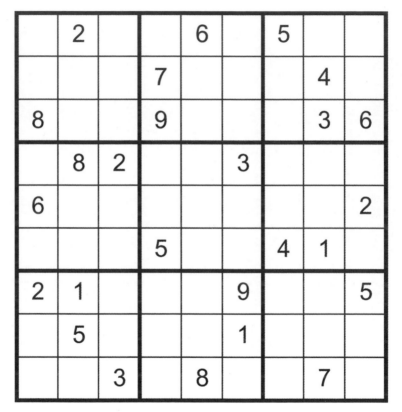

	2				6		5		
			7					4	
8			9					3	6
	8	2			3				
6									2
			5				4	1	
2	1				9				5
	5				1				
		3		8				7	

★ ★ ★ ★

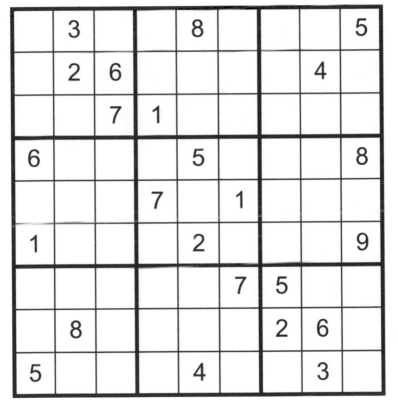

	3			8				5
	2	6					4	
		7	1					
6				5				8
			7		1			
1				2				9
					7	5		
	8					2	6	
5				4			3	

★ ★ ★ ★

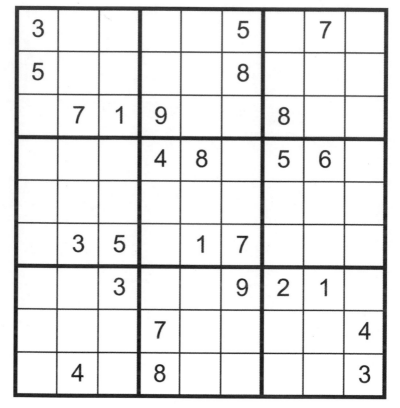

3					5		7	
5					8			
	7	1	9			8		
			4	8		5	6	
	3	5		1	7			
		3			9	2	1	
			7					4
	4		8					3

105

★ ★ ★ ★

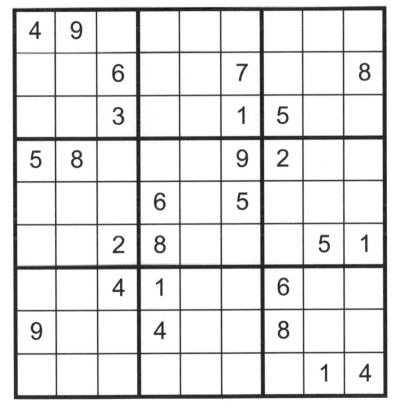

4	9							
		6			7			8
		3			1	5		
5	8				9	2		
			6		5			
		2	8				5	1
		4	1			6		
9			4			8		
							1	4

★ ★ ★ ★

3	1		6		9	5		
	4						8	
				8	3	6		
9		2	1					
	5						1	
					5	8		3
		1	3	7				
	2						3	
		7	8		2		4	6

It is never too late to
turn on the light.

Sharon Salzberg

★ ★ ★ ★

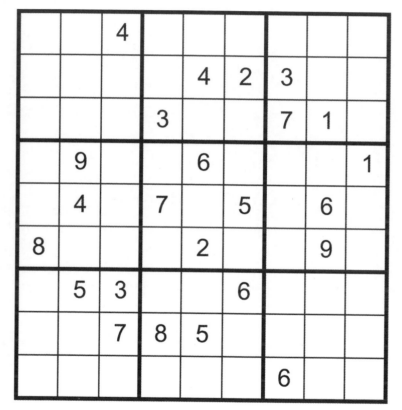

		4						
				4	2	3		
			3			7	1	
	9			6				1
	4		7		5		6	
8				2			9	
	5	3			6			
		7	8	5				
						6		

★ ★ ★ ★

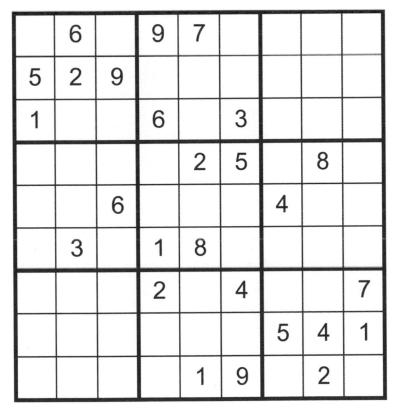

	6		9	7				
5	2	9						
1			6		3			
				2	5		8	
		6				4		
	3		1	8				
			2		4			7
						5	4	1
				1	9		2	

★ ★ ★ ★

			1		2		3	
				9	6			2
						6	4	5
7			4	5				
		8				2		
				7	3			1
8	3	4						
5			6	3				
	9		8		5			

★ ★ ★ ★

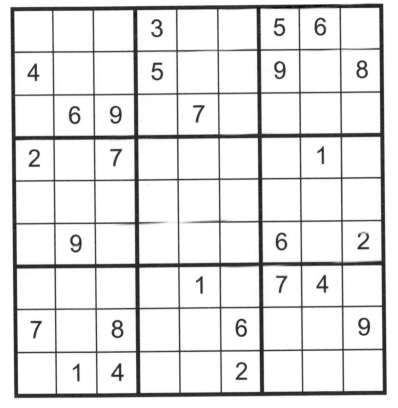

			3			5	6	
4			5			9		8
	6	9		7				
2		7					1	
	9					6		2
				1		7	4	
7		8			6			9
	1	4			2			

★ ★ ★ ★

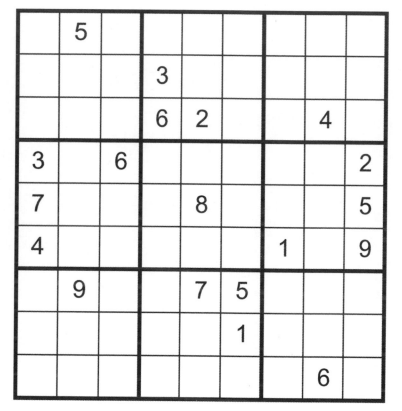

	5							
			3					
			6	2			4	
3		6						2
7				8				5
4						1		9
	9			7	5			
					1			
							6	

★ ★ ★ ★

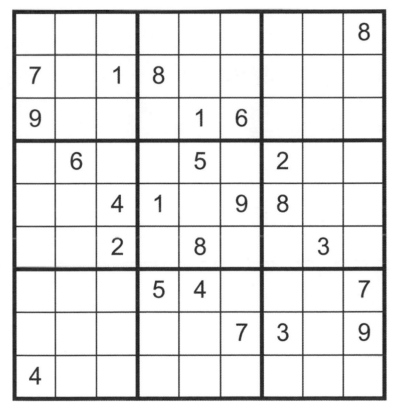

								8
7		1	8					
9				1	6			
	6			5		2		
		4	1		9	8		
		2		8			3	
			5	4				7
					7	3		9
4								

★ ★ ★ ★

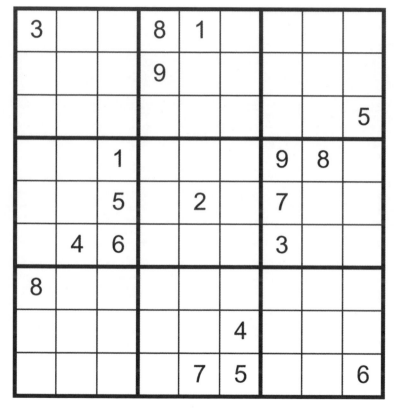

3			8	1				
			9					
								5
		1				9	8	
		5		2		7		
	4	6				3		
8								
					4			
				7	5			6

★ ★ ★ ★

			7					2
	2			1			4	
6			3			7	9	
			2			6	5	
8								4
	5	3			9			
	3	2			8			1
	1			4			8	
9					1			

★ ★ ★ ★

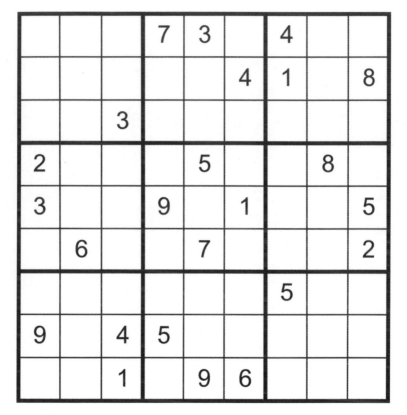

			7	3		4		
					4	1		8
		3						
2				5			8	
3			9		1			5
	6			7				2
						5		
9		4	5					
		1		9	6			

★ ★ ★ ★

								5
1			4	2				
			8					
	5	6				7		
		2		3		4		
		9				1	8	
					6			
				7	5			9
4								

★ ★ ★ ★

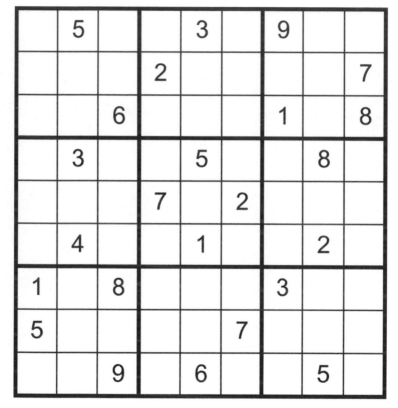

	5				3		9		
				2					7
		6					1		8
	3				5			8	
				7		2			
	4				1			2	
1		8					3		
5						7			
		9			6			5	

★ ★ ★ ★

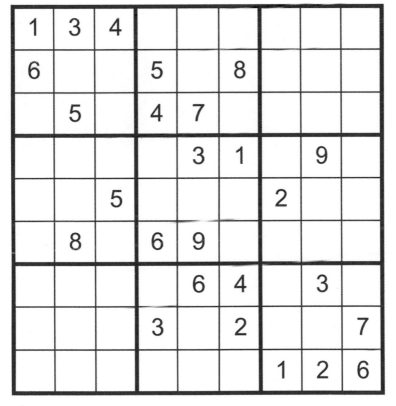

1	3	4						
6			5		8			
	5		4	7				
				3	1		9	
		5				2		
	8		6	9				
				6	4		3	
			3		2			7
						1	2	6

★ ★ ★ ★

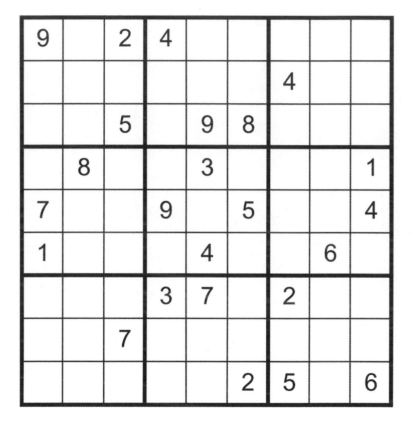

9		2	4					
						4		
		5		9	8			
	8			3				1
7			9		5			4
1				4			6	
			3	7		2		
		7						
					2	5		6

Those who
contemplate the
beauty of the earth
find reserves of
strength that will
endure as long
as life lasts.

Rachel Carson

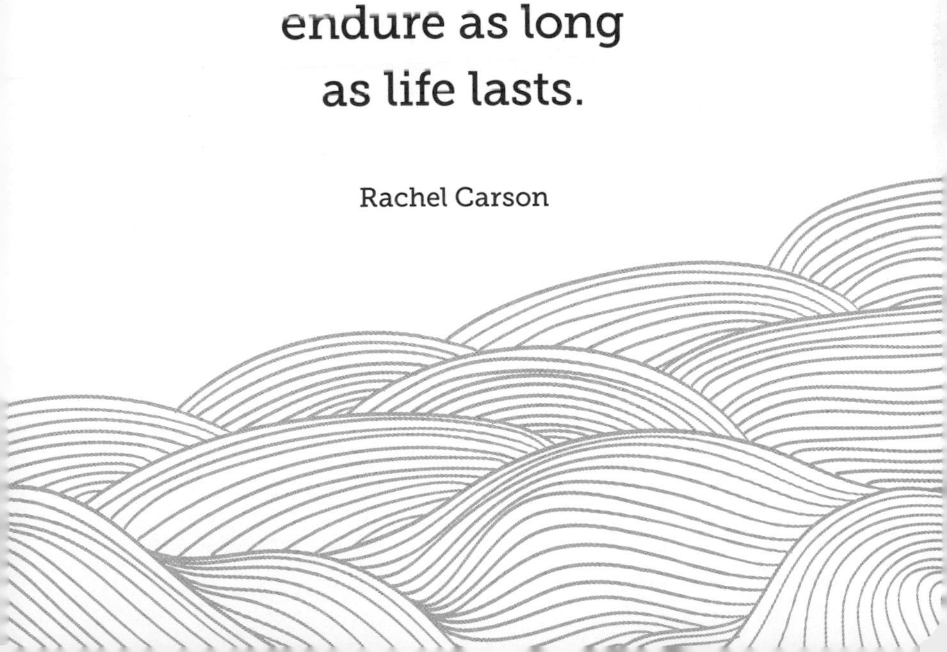

★ ★ ★ ★

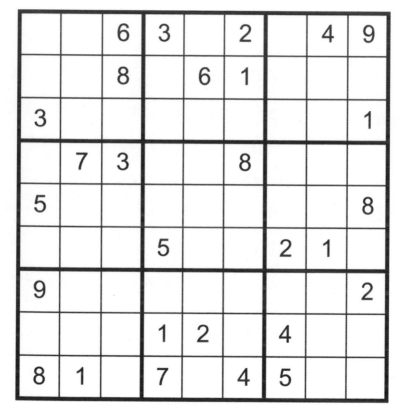

		6	3		2		4	9
		8		6	1			
3								1
	7	3			8			
5								8
			5			2	1	
9								2
			1	2		4		
8	1		7		4	5		

★ ★ ★ ★ ★

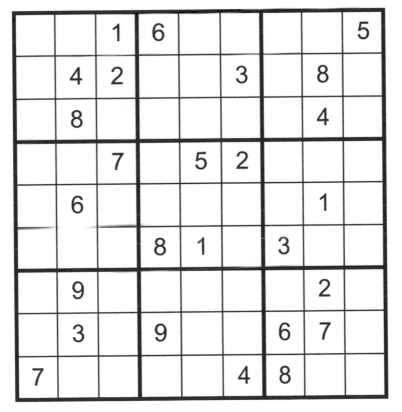

		1	6					5
	4	2			3		8	
	8						4	
		7		5	2			
	6						1	
			8	1		3		
	9						2	
	3		9			6	7	
7					4	8		

★ ★ ★ ★ ★

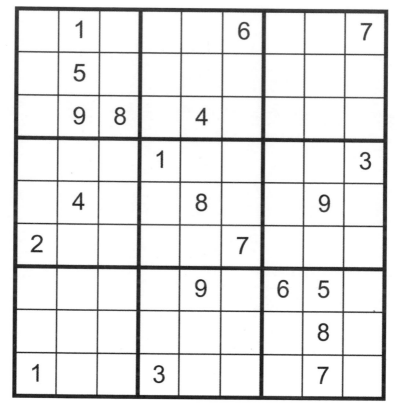

	1				6			7
	5							
	9	8		4				
			1					3
	4			8			9	
2					7			
				9		6	5	
							8	
1			3				7	

★ ★ ★ ★ ★

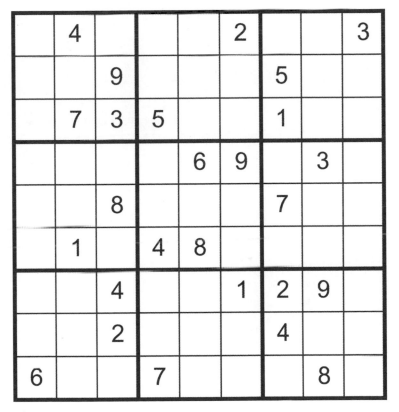

	4				2			3
		9				5		
	7	3	5			1		
				6	9		3	
		8				7		
	1		4	8				
		4			1	2	9	
		2				4		
6			7				8	

★ ★ ★ ★ ★

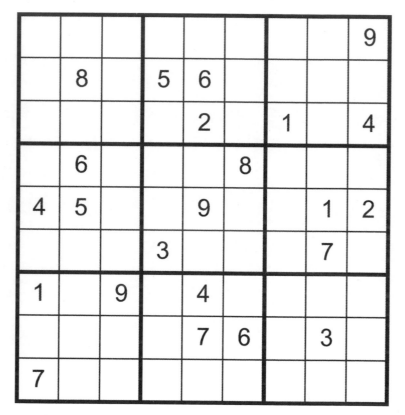

								9
	8		5	6				
				2		1		4
	6				8			
4	5			9			1	2
			3				7	
1		9		4				
				7	6		3	
7								

★ ★ ★ ★ ★

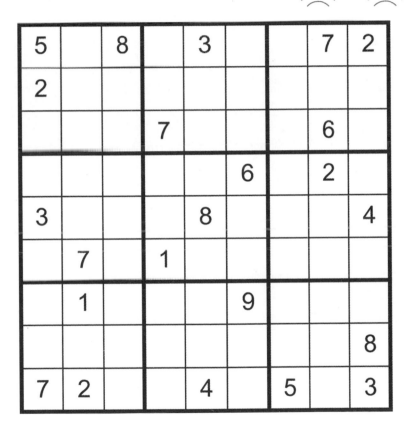

5		8		3			7	2
2								
			7				6	
					6		2	
3				8				4
	7		1					
	1				9			
								8
7	2			4		5		3

★ ★ ★ ★ ★

		4		8				
					6	5		
		3						9
5								1
	8			2			6	
7								3
6						2		
		1	3					
				7		4		

★ ★ ★ ★ ★

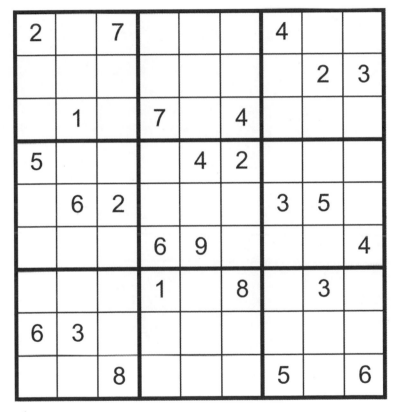

2		7				4		
							2	3
	1		7		4			
5				4	2			
	6	2				3	5	
			6	9				4
			1		8		3	
6	3							
		8				5		6

★ ★ ★ ★ ★

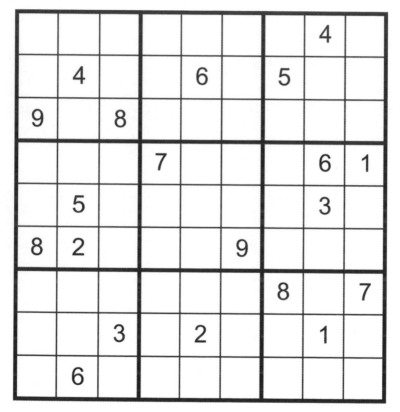

							4	
	4			6		5		
9		8						
			7				6	1
	5						3	
8	2				9			
						8		7
		3		2			1	
	6							

7		8		5		4		2
	1	9	3					
							3	
	5				7	2		
			6		1			
		4	9				8	
	6							
					4	5	7	
8		7		1		3		9

Solutions

1

2	3	7	4	9	1	8	6	5
1	4	6	8	5	7	2	9	3
9	5	8	2	6	3	1	4	7
4	1	3	7	2	5	6	8	9
7	6	9	3	4	8	5	2	1
8	2	5	9	1	6	3	7	4
6	7	4	5	3	2	9	1	8
5	9	2	1	8	4	7	3	6
3	8	1	6	7	9	4	5	2

2

2	5	8	1	7	4	3	9	6
9	7	3	5	8	6	1	2	4
6	1	4	3	9	2	7	8	5
3	8	2	9	4	1	6	5	7
1	4	5	7	6	8	9	3	2
7	9	6	2	5	3	8	4	1
8	3	1	6	2	5	4	7	9
4	2	7	8	1	9	5	6	3
5	6	9	4	3	7	2	1	8

3

7	8	4	9	5	6	1	2	3
6	9	3	2	1	4	7	8	5
1	5	2	8	7	3	6	9	4
9	6	8	3	4	2	5	7	1
3	2	7	1	6	5	9	4	8
4	1	5	7	8	9	3	6	2
2	3	1	6	9	8	4	5	7
5	7	6	4	2	1	8	3	9
8	4	9	5	3	7	2	1	6

4

9	1	7	2	4	8	3	5	6
6	2	4	1	5	3	9	8	7
3	5	8	6	9	7	1	2	4
5	9	2	8	7	6	4	3	1
7	6	1	4	3	2	5	9	8
8	4	3	5	1	9	6	7	2
2	8	9	3	6	4	7	1	5
1	3	6	7	8	5	2	4	9
4	7	5	9	2	1	8	6	3

5

5	7	3	8	2	9	1	6	4
4	9	2	1	6	7	5	8	3
1	6	8	3	5	4	7	9	2
8	2	1	5	7	6	4	3	9
3	4	7	9	1	2	6	5	8
6	5	9	4	3	8	2	1	7
9	8	5	2	4	1	3	7	6
7	1	4	6	8	3	9	2	5
2	3	6	7	9	5	8	4	1

6

3	2	4	5	1	7	8	6	9
5	7	8	2	9	6	1	3	4
9	6	1	3	4	8	7	2	5
4	1	2	6	8	5	9	7	3
8	3	9	7	2	4	5	1	6
6	5	7	9	3	1	4	8	2
2	9	5	1	7	3	6	4	8
1	8	6	4	5	2	3	9	7
7	4	3	8	6	9	2	5	1

7

9	6	2	5	1	7	4	8	3
5	3	7	4	2	8	1	9	6
4	1	8	6	3	9	5	7	2
2	4	6	1	8	5	9	3	7
3	7	1	9	6	2	8	5	4
8	5	9	3	7	4	2	6	1
6	9	3	2	5	1	7	4	8
7	2	5	8	4	6	3	1	9
1	8	4	7	9	3	6	2	5

8

2	8	7	9	6	1	3	4	5
6	9	1	3	5	4	8	2	7
3	4	5	7	8	2	6	1	9
4	3	6	1	2	5	7	9	8
9	1	8	4	3	7	5	6	2
7	5	2	8	9	6	1	3	4
5	2	3	6	4	8	9	7	1
1	6	4	5	7	9	2	8	3
8	7	9	2	1	3	4	5	6

9

9	5	6	7	1	3	2	8	4
3	1	4	2	8	9	7	6	5
8	7	2	5	4	6	9	3	1
6	8	1	9	3	7	5	4	2
7	4	3	8	5	2	6	1	9
5	2	9	4	6	1	3	7	8
1	9	5	3	7	8	4	2	6
4	6	7	1	2	5	8	9	3
2	3	8	6	9	4	1	5	7

10

4	5	8	2	6	3	7	9	1
3	7	2	9	8	1	6	4	5
1	6	9	4	5	7	3	8	2
8	2	7	6	4	9	5	1	3
5	1	4	3	7	2	9	6	8
6	9	3	8	1	5	4	2	7
2	4	6	7	3	8	1	5	9
7	8	5	1	9	6	2	3	4
9	3	1	5	2	4	8	7	6

11

7	3	1	4	2	9	6	8	5
5	9	8	7	1	6	4	3	2
4	2	6	3	5	8	1	9	7
3	1	7	2	8	5	9	6	4
2	6	5	9	4	1	8	7	3
9	8	4	6	7	3	5	2	1
8	5	3	1	6	2	7	4	9
1	4	2	8	9	7	3	5	6
6	7	9	5	3	4	2	1	8

12

7	4	1	5	6	2	8	3	9
8	2	3	1	9	7	6	4	5
6	9	5	3	8	4	2	1	7
2	8	4	9	5	1	7	6	3
1	7	9	6	2	3	4	5	8
3	5	6	7	4	8	1	9	2
9	3	7	2	1	6	5	8	4
4	6	2	8	3	5	9	7	1
5	1	8	4	7	9	3	2	6

13

4	7	5	8	6	9	1	2	3
3	1	8	2	5	4	7	9	6
2	9	6	1	7	3	5	8	4
1	5	4	7	3	2	9	6	8
7	3	2	9	8	6	4	5	1
8	6	9	4	1	5	2	3	7
5	8	1	6	9	7	3	4	2
6	2	3	5	4	1	8	7	9
9	4	7	3	2	8	6	1	5

14

9	4	8	1	3	7	5	6	2
3	5	7	8	6	2	4	1	9
2	6	1	4	5	9	7	3	8
1	7	3	5	9	8	6	2	4
4	2	6	7	1	3	9	8	5
5	8	9	2	4	6	3	7	1
8	9	2	3	7	5	1	4	6
7	1	5	6	2	4	8	9	3
6	3	4	9	8	1	2	5	7

15

5	4	8	7	3	1	9	6	2
6	1	3	8	2	9	7	4	5
7	9	2	4	5	6	3	8	1
1	8	5	6	7	4	2	3	9
9	3	4	2	8	5	6	1	7
2	7	6	1	9	3	8	5	4
8	6	1	9	4	2	5	7	3
4	5	9	3	6	7	1	2	8
3	2	7	5	1	8	4	9	6

16

2	1	9	8	4	3	5	6	7
4	6	5	7	1	2	9	8	3
8	7	3	9	6	5	4	2	1
6	2	1	5	3	8	7	4	9
7	3	8	4	9	6	1	5	2
9	5	4	1	2	7	8	3	6
3	8	7	2	5	9	6	1	4
1	9	6	3	8	4	2	7	5
5	4	2	6	7	1	3	9	8

Solutions

17

2	4	1	9	7	5	8	3	6
8	6	9	3	2	4	7	5	1
3	7	5	6	8	1	2	4	9
4	1	7	8	5	9	6	2	3
6	5	2	4	3	7	1	9	8
9	3	8	2	1	6	4	7	5
5	2	4	1	9	8	3	6	7
1	9	6	7	4	3	5	8	2
7	8	3	5	6	2	9	1	4

18

6	8	3	4	7	2	5	1	9
2	9	1	8	6	5	7	3	4
5	7	4	1	3	9	2	6	8
3	4	2	9	5	8	1	7	6
1	5	7	2	4	6	8	9	3
9	6	8	3	1	7	4	2	5
7	2	6	5	9	4	3	8	1
8	1	5	6	2	3	9	4	7
4	3	9	7	8	1	6	5	2

19

6	2	8	9	5	1	3	4	7
4	9	7	8	6	3	5	2	1
1	3	5	7	2	4	9	8	6
8	6	4	2	7	9	1	3	5
3	1	2	6	4	5	8	7	9
7	5	9	3	1	8	4	6	2
5	7	3	1	8	2	6	9	4
9	4	6	5	3	7	2	1	8
2	8	1	4	9	6	7	5	3

20

9	7	5	2	4	6	1	3	8
6	8	3	1	7	9	2	4	5
4	1	2	8	5	3	6	9	7
3	4	7	6	9	1	8	5	2
1	5	9	4	8	2	3	7	6
8	2	6	5	3	7	9	1	4
7	6	8	9	1	4	5	2	3
2	9	4	3	6	5	7	8	1
5	3	1	7	2	8	4	6	9

21

2	3	7	4	1	6	8	9	5
1	4	5	8	9	2	7	6	3
6	9	8	7	5	3	4	1	2
9	2	6	3	8	5	1	7	4
4	5	1	6	2	7	3	8	9
8	7	3	9	4	1	5	2	6
3	8	2	1	6	4	9	5	7
5	1	4	2	7	9	6	3	8
7	6	9	5	3	8	2	4	1

22

2	5	9	4	6	3	1	8	7
8	1	3	9	7	2	4	6	5
7	4	6	8	1	5	2	3	9
3	7	1	6	4	9	5	2	8
5	6	4	2	3	8	7	9	1
9	2	8	1	5	7	6	4	3
4	9	2	5	8	1	3	7	6
1	8	7	3	2	6	9	5	4
6	3	5	7	9	4	8	1	2

23

9	1	5	8	3	7	4	2	6
7	6	2	1	9	4	3	8	5
8	4	3	6	2	5	9	7	1
3	7	6	4	8	2	1	5	9
1	2	8	5	6	9	7	3	4
5	9	4	3	7	1	8	6	2
2	5	9	7	1	8	6	4	3
4	3	7	9	5	6	2	1	8
6	8	1	2	4	3	5	9	7

24

3	5	1	6	8	7	4	2	9
2	6	4	1	9	5	3	7	8
7	9	8	4	3	2	5	1	6
4	8	6	7	1	9	2	3	5
1	3	5	8	2	4	6	9	7
9	7	2	5	6	3	1	8	4
5	2	3	9	7	6	8	4	1
6	1	7	2	4	8	9	5	3
8	4	9	3	5	1	7	6	2

Solutions

25

9	7	4	1	2	6	8	3	5
8	6	2	5	9	3	7	1	4
3	1	5	4	8	7	6	9	2
7	8	3	2	1	4	9	5	6
2	9	6	3	5	8	1	4	7
4	5	1	6	7	9	2	8	3
5	4	8	9	6	2	3	7	1
6	3	7	8	4	1	5	2	9
1	2	9	7	3	5	4	6	8

26

9	6	2	3	7	5	4	8	1
3	7	8	4	9	1	5	6	2
5	4	1	6	2	8	3	7	9
2	5	3	7	8	6	1	9	4
4	1	7	9	5	3	8	2	6
6	8	9	2	1	4	7	5	3
7	3	4	8	6	2	9	1	5
8	2	5	1	4	9	6	3	7
1	9	6	5	3	7	2	4	8

27

5	1	6	8	7	3	2	9	4
7	2	3	9	4	1	8	6	5
4	9	8	2	5	6	1	3	7
8	7	9	3	6	2	5	4	1
3	5	4	7	1	8	6	2	9
1	6	2	5	9	4	7	8	3
9	8	7	4	2	5	3	1	6
6	3	5	1	8	9	4	7	2
2	4	1	6	3	7	9	5	8

28

6	2	3	8	9	4	7	1	5
1	8	9	2	7	5	6	3	4
7	4	5	6	1	3	2	8	9
9	5	2	1	3	7	8	4	6
4	3	7	9	6	8	1	5	2
8	6	1	4	5	2	9	7	3
3	1	8	5	2	9	4	6	7
2	7	6	3	4	1	5	9	8
5	9	4	7	8	6	3	2	1

29

1	3	7	4	9	2	6	8	5
9	2	8	5	3	6	7	4	1
6	5	4	1	7	8	2	3	9
3	9	5	2	1	4	8	7	6
8	6	2	7	5	9	3	1	4
7	4	1	8	6	3	5	9	2
4	7	6	9	8	5	1	2	3
5	8	9	3	2	1	4	6	7
2	1	3	6	4	7	9	5	8

30

5	4	7	1	9	6	3	2	8
1	3	6	2	8	7	4	9	5
9	8	2	5	4	3	7	1	6
7	2	9	4	6	1	5	8	3
4	5	3	9	7	8	1	6	2
8	6	1	3	2	5	9	4	7
6	9	4	7	3	2	8	5	1
2	7	5	8	1	4	6	3	9
3	1	8	6	5	9	2	7	4

31

9	8	1	5	2	4	3	7	6
4	5	3	7	1	6	8	9	2
7	2	6	8	3	9	5	1	4
6	1	9	3	5	2	4	8	7
8	3	7	4	6	1	9	2	5
5	4	2	9	8	7	1	6	3
1	9	4	2	7	5	6	3	8
2	6	8	1	4	3	7	5	9
3	7	5	6	9	8	2	4	1

32

1	5	2	6	8	4	3	7	9
4	8	3	7	9	5	6	1	2
9	6	7	1	3	2	5	8	4
8	4	5	3	1	6	9	2	7
6	7	1	9	2	8	4	3	5
3	2	9	5	4	7	8	6	1
2	9	6	4	7	3	1	5	8
7	3	4	8	5	1	2	9	6
5	1	8	2	6	9	7	4	3

Solutions

33

8	7	1	5	4	3	2	6	9
3	6	4	9	8	2	7	5	1
9	2	5	6	1	7	3	8	4
7	4	9	2	3	8	6	1	5
1	3	6	7	5	4	8	9	2
5	8	2	1	6	9	4	3	7
6	1	3	4	2	5	9	7	8
2	9	8	3	7	1	5	4	6
4	5	7	8	9	6	1	2	3

34

8	5	1	3	4	6	7	9	2
4	2	9	1	7	5	6	8	3
6	7	3	8	9	2	1	4	5
2	4	5	6	8	7	3	1	9
7	3	6	9	5	1	8	2	4
9	1	8	2	3	4	5	6	7
1	9	4	7	6	3	2	5	8
5	6	7	4	2	8	9	3	1
3	8	2	5	1	9	4	7	6

35

3	7	4	9	8	2	1	5	6
9	2	6	4	5	1	8	3	7
1	8	5	6	7	3	2	9	4
7	5	2	3	6	9	4	1	8
8	9	3	7	1	4	5	6	2
6	4	1	5	2	8	3	7	9
5	1	9	8	4	7	6	2	3
4	6	7	2	3	5	9	8	1
2	3	8	1	9	6	7	4	5

36

9	7	2	4	1	8	6	3	5
8	6	4	3	7	5	9	1	2
3	5	1	2	9	6	7	4	8
5	9	8	7	2	4	3	6	1
1	4	7	5	6	3	8	2	9
6	2	3	1	8	9	4	5	7
4	8	9	6	5	1	2	7	3
7	1	6	9	3	2	5	8	4
2	3	5	8	4	7	1	9	6

37

3	6	9	5	2	7	4	8	1
2	8	5	1	3	4	9	7	6
4	1	7	6	8	9	5	3	2
1	4	3	8	9	5	6	2	7
6	9	8	2	7	1	3	5	4
7	5	2	3	4	6	8	1	9
5	2	1	9	6	8	7	4	3
8	7	6	4	1	3	2	9	5
9	3	4	7	5	2	1	6	8

38

8	2	6	5	3	7	1	9	4
5	3	4	9	1	6	2	8	7
1	9	7	4	8	2	5	3	6
6	8	2	1	9	3	7	4	5
7	1	5	6	4	8	9	2	3
9	4	3	7	2	5	6	1	8
3	6	1	2	5	4	8	7	9
4	7	9	8	6	1	3	5	2
2	5	8	3	7	9	4	6	1

39

1	2	8	3	6	9	4	5	7
5	7	9	8	1	4	2	6	3
6	4	3	2	7	5	1	9	8
2	3	4	6	9	8	7	1	5
8	9	1	5	2	7	6	3	4
7	6	5	4	3	1	8	2	9
3	8	7	1	5	6	9	4	2
4	1	2	9	8	3	5	7	6
9	5	6	7	4	2	3	8	1

40

1	2	4	9	6	3	8	5	7
7	9	6	1	5	8	3	4	2
8	5	3	4	2	7	6	9	1
3	4	7	2	8	5	9	1	6
9	1	8	7	4	6	5	2	3
2	6	5	3	9	1	4	7	8
6	8	2	5	1	4	7	3	9
4	7	9	6	3	2	1	8	5
5	3	1	8	7	9	2	6	4

Solutions

41

5	8	4	1	3	6	9	2	7
3	1	2	7	9	8	4	6	5
6	9	7	5	4	2	3	1	8
9	2	3	6	1	5	8	7	4
7	4	5	8	2	3	1	9	6
1	6	8	4	7	9	5	3	2
4	3	6	2	8	1	7	5	9
8	5	9	3	6	7	2	4	1
2	7	1	9	5	4	6	8	3

42

5	6	9	8	2	4	7	1	3
8	7	3	1	5	9	4	2	6
1	4	2	7	3	6	9	8	5
4	5	8	6	7	2	1	3	9
7	2	1	9	8	3	6	5	4
9	3	6	4	1	5	8	7	2
6	1	5	3	4	7	2	9	8
3	9	7	2	6	8	5	4	1
2	8	4	5	9	1	3	6	7

43

8	2	7	9	4	6	3	5	1
9	3	4	1	8	5	7	2	6
6	5	1	2	7	3	8	4	9
1	6	5	3	9	4	2	8	7
2	7	8	6	5	1	4	9	3
4	9	3	8	2	7	1	6	5
3	8	9	7	6	2	5	1	4
7	4	6	5	1	8	9	3	2
5	1	2	4	3	9	6	7	8

44

8	7	6	3	4	2	9	1	5
2	4	1	9	8	5	7	3	6
9	3	5	7	1	6	8	4	2
4	9	8	2	5	3	1	6	7
3	6	2	1	7	9	4	5	8
5	1	7	8	6	4	3	2	9
1	2	3	5	9	7	6	8	4
6	5	9	4	3	8	2	7	1
7	8	4	6	2	1	5	9	3

45

7	6	1	9	3	2	4	8	5
5	9	8	4	1	7	6	2	3
3	4	2	5	8	6	1	7	9
9	2	4	6	5	8	3	1	7
6	8	5	1	7	3	2	9	4
1	7	3	2	9	4	5	6	8
8	1	7	3	6	5	9	4	2
2	3	9	7	4	1	8	5	6
4	5	6	8	2	9	7	3	1

46

5	2	9	7	3	8	6	4	1
1	7	8	6	2	4	9	3	5
4	6	3	9	5	1	7	8	2
2	4	7	5	6	3	8	1	9
6	9	1	8	4	2	3	5	7
8	3	5	1	7	9	4	2	6
3	5	4	2	9	6	1	7	8
9	1	2	4	8	7	5	6	3
7	8	6	3	1	5	2	9	4

47

5	6	9	2	4	8	1	7	3
8	7	3	1	6	5	2	4	9
4	1	2	7	9	3	8	5	6
2	8	1	9	5	4	3	6	7
3	5	7	6	1	2	9	8	4
9	4	6	3	8	7	5	2	1
1	9	8	5	7	6	4	3	2
7	3	4	8	2	1	6	9	5
6	2	5	4	3	9	7	1	8

48

6	1	5	7	4	9	8	2	3
4	3	9	2	8	6	1	5	7
8	7	2	3	1	5	9	6	4
9	8	7	6	2	1	3	4	5
5	4	6	9	3	8	7	1	2
1	2	3	5	7	4	6	8	9
2	6	8	4	9	7	5	3	1
3	9	1	8	5	2	4	7	6
7	5	4	1	6	3	2	9	8

49

1	5	4	3	6	7	9	2	8
6	7	2	4	8	9	5	1	3
9	3	8	2	5	1	7	6	4
3	9	1	7	2	6	8	4	5
4	2	6	8	3	5	1	7	9
7	8	5	1	9	4	2	3	6
8	1	9	6	7	3	4	5	2
5	6	7	9	4	2	3	8	1
2	4	3	5	1	8	6	9	7

50

7	8	3	6	5	4	1	2	9
6	1	4	9	7	2	5	3	8
2	9	5	8	1	3	7	4	6
3	7	6	1	2	8	9	5	4
4	2	8	5	3	9	6	7	1
1	5	9	7	4	6	2	8	3
9	3	2	4	6	5	8	1	7
8	4	7	2	9	1	3	6	5
5	6	1	3	8	7	4	9	2

51

2	6	8	5	7	3	9	4	1
7	3	1	9	4	8	5	6	2
5	9	4	6	2	1	3	7	8
6	1	7	4	3	5	2	8	9
9	5	2	7	8	6	4	1	3
4	8	3	2	1	9	7	5	6
1	2	9	8	5	4	6	3	7
3	7	5	1	6	2	8	9	4
8	4	6	3	9	7	1	2	5

52

2	7	3	1	6	5	9	4	8
4	5	1	7	8	9	3	6	2
6	8	9	4	3	2	7	1	5
9	1	6	2	7	8	4	5	3
7	4	8	5	9	3	6	2	1
5	3	2	6	1	4	8	7	9
3	2	4	8	5	7	1	9	6
1	9	7	3	2	6	5	8	4
8	6	5	9	4	1	2	3	7

53

7	5	2	1	8	6	9	3	4
9	1	6	7	3	4	2	8	5
4	3	8	5	2	9	1	6	7
2	7	4	3	6	5	8	9	1
5	6	3	8	9	1	7	4	2
8	9	1	2	4	7	3	5	6
1	8	7	6	5	3	4	2	9
3	4	5	9	1	2	6	7	8
6	2	9	4	7	8	5	1	3

54

2	8	6	5	4	3	7	1	9
7	4	3	6	9	1	8	5	2
9	1	5	2	8	7	3	6	4
6	2	4	1	3	5	9	7	8
5	7	8	9	6	2	1	4	3
3	9	1	8	7	4	5	2	6
1	3	2	4	5	9	6	8	7
8	5	7	3	2	6	4	9	1
4	6	9	7	1	8	2	3	5

55

1	5	2	8	3	7	9	6	4
8	9	7	6	4	2	5	3	1
4	3	6	5	1	9	2	7	8
6	4	5	1	2	8	3	9	7
7	8	3	9	5	4	6	1	2
9	2	1	7	6	3	8	4	5
3	7	8	4	9	5	1	2	6
2	1	4	3	8	6	7	5	9
5	6	9	2	7	1	4	8	3

56

1	4	3	6	7	5	8	9	2
2	5	8	9	4	1	3	6	7
9	6	7	8	3	2	5	1	4
4	7	2	3	5	6	9	8	1
8	3	1	7	2	9	6	4	5
6	9	5	1	8	4	7	2	3
3	2	6	5	1	8	4	7	9
5	8	4	2	9	7	1	3	6
7	1	9	4	6	3	2	5	8

Solutions

57

7	2	8	4	6	9	3	5	1
3	6	4	1	2	5	9	8	7
1	9	5	3	7	8	4	2	6
5	1	2	8	4	6	7	3	9
8	4	6	7	9	3	2	1	5
9	3	7	2	5	1	6	4	8
6	7	3	5	8	4	1	9	2
4	5	9	6	1	2	8	7	3
2	8	1	9	3	7	5	6	4

58

7	5	1	3	2	6	4	9	8
9	8	6	1	4	5	3	2	7
4	3	2	9	8	7	5	6	1
6	7	4	2	3	1	9	8	5
8	1	5	6	9	4	7	3	2
3	2	9	7	5	8	1	4	6
5	9	7	4	6	2	8	1	3
2	4	8	5	1	3	6	7	9
1	6	3	8	7	9	2	5	4

59

1	9	6	8	7	4	2	3	5
8	5	3	2	6	1	4	9	7
4	2	7	3	5	9	8	6	1
5	8	4	7	2	6	9	1	3
6	3	1	4	9	8	5	7	2
9	7	2	5	1	3	6	4	8
2	4	9	1	8	7	3	5	6
3	1	5	6	4	2	7	8	9
7	6	8	9	3	5	1	2	4

60

2	6	5	9	4	1	7	3	8
1	3	7	2	8	6	4	5	9
9	4	8	3	7	5	2	6	1
6	1	2	8	3	7	5	9	4
5	9	4	1	6	2	8	7	3
7	8	3	5	9	4	6	1	2
4	2	6	7	1	3	9	8	5
3	5	9	6	2	8	1	4	7
8	7	1	4	5	9	3	2	6

61

1	4	2	6	3	9	5	8	7
9	6	7	5	1	8	4	2	3
8	3	5	4	7	2	6	9	1
4	1	3	7	8	5	9	6	2
6	2	8	1	9	4	3	7	5
5	7	9	3	2	6	8	1	4
7	8	6	2	4	3	1	5	9
3	5	1	9	6	7	2	4	8
2	9	4	8	5	1	7	3	6

62

6	9	3	1	8	5	2	7	4
8	4	5	7	6	2	1	9	3
7	1	2	4	3	9	5	6	8
1	2	6	5	7	8	4	3	9
5	8	7	9	4	3	6	2	1
9	3	4	6	2	1	7	8	5
3	7	8	2	1	4	9	5	6
2	5	1	3	9	6	8	4	7
4	6	9	8	5	7	3	1	2

63

3	6	7	9	8	2	5	1	4
8	5	2	4	1	3	9	6	7
4	9	1	7	6	5	8	2	3
6	3	9	1	2	4	7	5	8
7	2	4	5	3	8	6	9	1
1	8	5	6	9	7	4	3	2
5	1	8	3	4	9	2	7	6
9	4	3	2	7	6	1	8	5
2	7	6	8	5	1	3	4	9

64

7	4	3	1	9	2	5	6	8
2	5	1	7	8	6	4	9	3
9	8	6	5	4	3	2	1	7
4	1	9	8	5	7	3	2	6
8	3	2	9	6	1	7	4	5
6	7	5	2	3	4	9	8	1
3	2	8	4	1	5	6	7	9
1	6	7	3	2	9	8	5	4
5	9	4	6	7	8	1	3	2

Solutions

65

2	9	5	4	8	3	1	6	7
1	4	7	2	9	6	3	5	8
3	8	6	1	7	5	4	9	2
5	7	3	9	6	1	8	2	4
4	1	9	8	5	2	7	3	6
6	2	8	7	3	4	9	1	5
8	3	4	6	2	9	5	7	1
9	6	1	5	4	7	2	8	3
7	5	2	3	1	8	6	4	9

66

6	9	4	3	8	1	5	2	7
5	7	3	9	2	6	8	4	1
8	1	2	4	5	7	3	6	9
1	4	7	2	6	3	9	5	8
9	3	8	7	4	5	2	1	6
2	6	5	1	9	8	4	7	3
7	8	1	5	3	2	6	9	4
3	2	9	6	1	4	7	8	5
4	5	6	8	7	9	1	3	2

67

3	9	2	7	8	5	1	6	4
8	1	7	4	9	6	2	3	5
4	6	5	1	3	2	8	9	7
9	3	4	8	6	7	5	1	2
1	2	8	5	4	3	9	7	6
7	5	6	2	1	9	3	4	8
6	4	1	9	2	8	7	5	3
5	8	3	6	7	1	4	2	9
2	7	9	3	5	4	6	8	1

68

9	5	7	6	8	1	4	3	2
8	2	1	9	4	3	7	6	5
4	3	6	5	2	7	1	9	8
3	4	9	1	5	8	2	7	6
6	7	2	3	9	4	5	8	1
1	8	5	2	7	6	9	4	3
5	9	8	4	3	2	6	1	7
2	1	3	7	6	9	8	5	4
7	6	4	8	1	5	3	2	9

69

7	9	6	3	8	4	1	2	5
1	2	3	7	6	5	9	8	4
5	8	4	2	1	9	6	3	7
6	7	1	9	3	2	5	4	8
8	4	9	5	7	1	2	6	3
2	3	5	6	4	8	7	9	1
3	1	2	8	5	6	4	7	9
9	5	7	4	2	3	8	1	6
4	6	8	1	9	7	3	5	2

70

8	1	2	7	6	9	3	4	5
9	7	6	4	5	3	1	2	8
5	4	3	2	8	1	6	9	7
7	6	9	1	3	8	2	5	4
2	5	8	6	4	7	9	1	3
4	3	1	9	2	5	7	8	6
6	2	7	5	9	4	8	3	1
3	9	5	8	1	6	4	7	2
1	8	4	3	7	2	5	6	9

71

6	9	4	1	2	5	3	7	8
5	2	8	3	4	7	9	1	6
1	7	3	6	9	8	4	5	2
3	5	1	4	8	6	7	2	9
2	8	6	9	7	1	5	3	4
7	4	9	5	3	2	8	6	1
8	3	7	2	6	4	1	9	5
9	1	2	8	5	3	6	4	7
4	6	5	7	1	9	2	8	3

72

8	5	7	6	2	1	3	9	4
1	9	6	4	5	3	2	8	7
4	2	3	9	7	8	1	6	5
7	8	5	1	4	2	9	3	6
2	3	9	7	6	5	4	1	8
6	4	1	8	3	9	5	7	2
5	7	4	3	1	6	8	2	9
3	6	8	2	9	4	7	5	1
9	1	2	5	8	7	6	4	3

Solutions

73

1	6	7	2	3	4	5	9	8
8	2	9	7	6	5	3	4	1
4	5	3	1	9	8	2	7	6
7	8	1	4	5	3	6	2	9
9	3	5	6	1	2	7	8	4
6	4	2	8	7	9	1	5	3
2	9	6	3	4	7	8	1	5
5	1	8	9	2	6	4	3	7
3	7	4	5	8	1	9	6	2

74

1	5	8	9	6	4	2	7	3
2	7	4	1	5	3	6	9	8
3	9	6	2	8	7	5	4	1
6	8	9	4	1	5	7	3	2
4	1	5	3	7	2	8	6	9
7	3	2	8	9	6	4	1	5
9	4	1	7	2	8	3	5	6
8	6	3	5	4	1	9	2	7
5	2	7	6	3	9	1	8	4

75

9	4	3	2	6	1	8	5	7
8	5	7	4	9	3	1	6	2
2	6	1	7	5	8	4	3	9
4	3	9	5	2	7	6	1	8
5	8	6	3	1	9	7	2	4
7	1	2	6	8	4	5	9	3
3	9	8	1	4	6	2	7	5
1	7	5	8	3	2	9	4	6
6	2	4	9	7	5	3	8	1

76

4	6	7	2	5	8	1	9	3
9	1	8	4	6	3	7	2	5
5	3	2	9	7	1	6	8	4
8	2	6	5	3	4	9	1	7
1	5	9	7	8	2	4	3	6
3	7	4	6	1	9	2	5	8
6	8	3	1	9	7	5	4	2
2	9	5	3	4	6	8	7	1
7	4	1	8	2	5	3	6	9

77

4	6	3	7	5	1	9	8	2
5	9	2	8	6	4	1	3	7
8	7	1	3	9	2	5	6	4
1	3	9	4	8	6	7	2	5
6	4	8	2	7	5	3	9	1
2	5	7	1	3	9	6	4	8
9	1	6	5	2	8	4	7	3
3	2	4	6	1	7	8	5	9
7	8	5	9	4	3	2	1	6

78

1	9	4	6	2	5	3	7	8
5	8	6	3	7	4	9	2	1
3	7	2	9	1	8	5	4	6
9	6	3	1	5	7	4	8	2
7	4	8	2	6	9	1	3	5
2	1	5	4	8	3	6	9	7
6	5	9	8	3	2	7	1	4
4	2	7	5	9	1	8	6	3
8	3	1	7	4	6	2	5	9

79

3	7	9	2	8	1	6	4	5
8	2	1	4	5	6	3	7	9
5	6	4	3	7	9	1	2	8
9	3	7	5	2	4	8	6	1
6	5	8	9	1	7	4	3	2
1	4	2	8	6	3	5	9	7
4	1	5	6	9	2	7	8	3
7	9	6	1	3	8	2	5	4
2	8	3	7	4	5	9	1	6

80

9	2	5	4	6	8	7	3	1
7	3	8	2	9	1	4	6	5
6	1	4	7	5	3	8	2	9
1	4	6	5	2	9	3	8	7
5	9	2	8	3	7	1	4	6
3	8	7	1	4	6	9	5	2
8	6	9	3	7	5	2	1	4
4	5	1	9	8	2	6	7	3
2	7	3	6	1	4	5	9	8

Solutions

81

2	3	5	4	7	1	8	6	9
6	9	8	3	5	2	7	1	4
1	4	7	9	8	6	5	2	3
5	1	3	6	4	7	9	8	2
8	2	9	1	3	5	4	7	6
7	6	4	2	9	8	3	5	1
3	7	1	8	6	4	2	9	5
9	5	2	7	1	3	6	4	8
4	8	6	5	2	9	1	3	7

82

8	2	1	6	4	3	5	7	9
3	6	4	9	7	5	8	2	1
9	5	7	8	1	2	4	3	6
5	4	8	7	6	9	2	1	3
1	9	3	4	2	8	6	5	7
6	7	2	5	3	1	9	8	4
4	1	9	2	8	7	3	6	5
2	3	5	1	9	6	7	4	8
7	8	6	3	5	4	1	9	2

83

5	8	3	1	2	6	7	9	4
2	1	4	7	9	3	5	8	6
7	9	6	4	5	8	1	3	2
9	2	1	6	3	7	4	5	8
8	4	5	9	1	2	3	6	7
6	3	7	5	8	4	2	1	9
1	5	2	8	4	9	6	7	3
4	6	8	3	7	5	9	2	1
3	7	9	2	6	1	8	4	5

84

9	3	7	5	2	4	6	1	8
8	6	4	1	3	9	5	2	7
5	2	1	6	8	7	3	4	9
7	4	6	3	9	1	2	8	5
1	9	3	8	5	2	7	6	4
2	8	5	4	7	6	1	9	3
4	1	9	7	6	3	8	5	2
3	5	2	9	1	8	4	7	6
6	7	8	2	4	5	9	3	1

85

3	8	9	4	2	5	7	6	1
2	1	5	6	3	7	4	9	8
4	6	7	9	1	8	2	3	5
6	7	2	3	5	9	8	1	4
5	9	3	1	8	4	6	7	2
8	4	1	2	7	6	3	5	9
9	5	6	8	4	3	1	2	7
7	2	8	5	6	1	9	4	3
1	3	4	7	9	2	5	8	6

86

5	3	9	8	7	2	4	6	1
7	4	1	5	6	3	9	8	2
2	8	6	9	4	1	5	7	3
8	6	5	4	3	9	1	2	7
9	1	4	2	8	7	3	5	6
3	7	2	6	1	5	8	9	4
4	5	7	1	9	6	2	3	8
6	9	8	3	2	4	7	1	5
1	2	3	7	5	8	6	4	9

87

5	6	8	3	1	7	4	2	9
9	4	2	8	5	6	1	7	3
7	3	1	2	9	4	8	6	5
1	9	7	5	4	3	2	8	6
8	2	3	7	6	1	9	5	4
6	5	4	9	8	2	3	1	7
2	8	9	6	3	5	7	4	1
4	7	6	1	2	9	5	3	8
3	1	5	4	7	8	6	9	2

88

6	2	9	5	3	7	8	4	1
4	3	7	1	8	6	9	2	5
8	5	1	9	2	4	3	6	7
7	8	6	2	4	1	5	9	3
2	1	5	3	6	9	4	7	8
3	9	4	8	7	5	6	1	2
1	4	2	6	5	8	7	3	9
5	7	3	4	9	2	1	8	6
9	6	8	7	1	3	2	5	4

Solutions

89

3	9	7	6	5	2	8	1	4
6	2	8	1	4	7	3	9	5
4	1	5	3	8	9	6	7	2
7	3	4	8	9	1	2	5	6
2	5	1	4	7	6	9	8	3
9	8	6	5	2	3	1	4	7
5	7	2	9	3	8	4	6	1
8	6	3	7	1	4	5	2	9
1	4	9	2	6	5	7	3	8

90

7	5	9	3	8	1	4	6	2
6	8	1	5	2	4	7	9	3
4	3	2	7	9	6	1	8	5
8	4	5	6	7	2	3	1	9
2	7	3	1	5	9	6	4	8
9	1	6	4	3	8	5	2	7
3	6	8	9	4	7	2	5	1
5	2	4	8	1	3	9	7	6
1	9	7	2	6	5	8	3	4

91

7	1	8	3	6	4	5	2	9
3	2	6	7	5	9	4	1	8
4	9	5	2	1	8	7	3	6
6	7	3	1	4	2	9	8	5
1	8	2	9	7	5	3	6	4
5	4	9	6	8	3	1	7	2
8	6	4	5	3	7	2	9	1
9	3	1	4	2	6	8	5	7
2	5	7	8	9	1	6	4	3

92

3	4	8	6	1	9	2	7	5
6	2	7	5	3	4	9	1	8
9	1	5	2	8	7	4	6	3
7	9	4	3	2	1	5	8	6
5	3	6	9	7	8	1	2	4
1	8	2	4	6	5	7	3	9
4	6	1	7	5	3	8	9	2
8	5	3	1	9	2	6	4	7
2	7	9	8	4	6	3	5	1

93

5	3	7	1	2	4	9	6	8
2	1	8	6	9	3	5	7	4
9	6	4	8	7	5	1	3	2
4	7	1	9	5	6	8	2	3
8	9	2	4	3	7	6	1	5
3	5	6	2	8	1	4	9	7
6	8	3	7	4	9	2	5	1
7	4	9	5	1	2	3	8	6
1	2	5	3	6	8	7	4	9

94

7	8	5	3	2	1	6	4	9
3	4	6	7	8	9	2	1	5
1	2	9	4	6	5	3	7	8
2	3	4	6	5	7	8	9	1
8	5	1	2	9	4	7	3	6
6	9	7	8	1	3	4	5	2
4	1	2	9	3	8	5	6	7
9	7	8	5	4	6	1	2	3
5	6	3	1	7	2	9	8	4

95

2	1	5	6	8	7	3	9	4
8	7	4	1	3	9	2	5	6
6	3	9	5	4	2	1	8	7
1	4	2	8	5	6	7	3	9
3	9	6	4	7	1	5	2	8
5	8	7	2	9	3	4	6	1
7	6	1	9	2	5	8	4	3
4	5	3	7	6	8	9	1	2
9	2	8	3	1	4	6	7	5

96

2	9	3	4	5	8	1	6	7
4	6	5	1	7	2	8	3	9
8	7	1	6	3	9	4	2	5
7	4	8	9	1	3	6	5	2
3	5	2	8	6	4	7	9	1
6	1	9	7	2	5	3	8	4
9	3	7	5	8	1	2	4	6
5	8	6	2	4	7	9	1	3
1	2	4	3	9	6	5	7	8

Solutions

97

2	9	6	1	3	4	7	8	5
4	5	7	6	9	8	1	3	2
1	3	8	5	2	7	9	6	4
8	7	2	9	6	3	4	5	1
5	6	9	4	1	2	3	7	8
3	4	1	7	8	5	2	9	6
6	1	5	3	4	9	8	2	7
7	8	3	2	5	1	6	4	9
9	2	4	8	7	6	5	1	3

98

1	4	2	8	3	9	7	5	6
9	3	6	1	5	7	8	2	4
5	8	7	6	2	4	1	3	9
7	6	1	2	4	3	5	9	8
4	9	3	5	8	6	2	7	1
2	5	8	9	7	1	4	6	3
6	2	9	4	1	5	3	8	7
8	7	4	3	9	2	6	1	5
3	1	5	7	6	8	9	4	2

99

3	4	1	2	7	6	9	5	8
2	5	7	8	4	9	6	3	1
6	9	8	5	3	1	4	7	2
1	7	5	4	6	2	8	9	3
8	6	9	3	1	5	7	2	4
4	2	3	9	8	7	5	1	6
7	8	4	1	9	3	2	6	5
5	3	6	7	2	4	1	8	9
9	1	2	6	5	8	3	4	7

100

5	6	4	7	3	2	9	8	1
9	3	2	8	1	5	6	4	7
1	8	7	4	6	9	5	2	3
8	7	3	1	5	4	2	9	6
2	5	6	3	9	8	1	7	4
4	9	1	6	2	7	3	5	8
6	4	9	5	8	1	7	3	2
3	2	8	9	7	6	4	1	5
7	1	5	2	4	3	8	6	9

101

6	2	9	4	1	8	7	5	3
1	4	5	7	6	3	2	8	9
3	8	7	9	5	2	1	6	4
2	7	8	5	3	9	6	4	1
4	9	3	6	2	1	8	7	5
5	1	6	8	7	4	9	3	2
7	3	2	1	4	6	5	9	8
9	6	1	3	8	5	4	2	7
8	5	4	2	9	7	3	1	6

102

1	2	4	3	6	8	5	9	7
3	9	6	7	5	2	8	4	1
8	7	5	9	1	4	2	3	6
5	8	2	1	4	3	7	6	9
6	4	1	8	9	7	3	5	2
7	3	9	5	2	6	4	1	8
2	1	7	4	3	9	6	8	5
4	5	8	6	7	1	9	2	3
9	6	3	2	8	5	1	7	4

103

9	3	1	6	8	4	7	2	5
8	2	6	9	7	5	1	4	3
4	5	7	1	3	2	9	8	6
6	7	2	4	5	9	3	1	8
3	9	8	7	6	1	4	5	2
1	4	5	3	2	8	6	7	9
2	6	3	8	1	7	5	9	4
7	8	4	5	9	3	2	6	1
5	1	9	2	4	6	8	3	7

104

3	8	4	1	2	5	9	7	6
5	6	9	3	7	8	1	4	2
2	7	1	9	6	4	8	3	5
9	2	7	4	8	3	5	6	1
4	1	8	5	9	6	3	2	7
6	3	5	2	1	7	4	8	9
7	5	3	6	4	9	2	1	8
8	9	2	7	3	1	6	5	4
1	4	6	8	5	2	7	9	3

Solutions

105

4	9	5	2	8	6	1	3	7
2	1	6	5	3	7	4	9	8
8	7	3	9	4	1	5	6	2
5	8	7	3	1	9	2	4	6
1	4	9	6	2	5	7	8	3
3	6	2	8	7	4	9	5	1
7	3	4	1	5	8	6	2	9
9	2	1	4	6	3	8	7	5
6	5	8	7	9	2	3	1	4

106

3	1	8	6	2	9	5	7	4
2	4	6	7	5	1	3	8	9
7	9	5	4	8	3	6	2	1
9	8	2	1	3	7	4	6	5
6	5	3	9	4	8	2	1	7
1	7	4	2	6	5	8	9	3
8	6	1	3	7	4	9	5	2
4	2	9	5	1	6	7	3	8
5	3	7	8	9	2	1	4	6

107

9	3	4	5	1	7	2	8	6
1	7	8	6	4	2	3	5	9
5	2	6	3	8	9	7	1	4
7	9	2	4	6	8	5	3	1
3	4	1	7	9	5	8	6	2
8	6	5	1	2	3	4	9	7
2	5	3	9	7	6	1	4	8
6	1	7	8	5	4	9	2	3
4	8	9	2	3	1	6	7	5

108

3	6	8	9	7	2	1	5	4
5	2	9	8	4	1	7	6	3
1	7	4	6	5	3	8	9	2
9	1	7	4	2	5	3	8	6
2	8	6	3	9	7	4	1	5
4	3	5	1	8	6	2	7	9
8	5	1	2	6	4	9	3	7
6	9	2	7	3	8	5	4	1
7	4	3	5	1	9	6	2	8

109

6	5	7	1	4	2	8	3	9
4	8	3	5	9	6	7	1	2
2	1	9	3	8	7	6	4	5
7	2	1	4	5	8	9	6	3
3	4	8	9	6	1	2	5	7
9	6	5	2	7	3	4	8	1
8	3	4	7	1	9	5	2	6
5	7	2	6	3	4	1	9	8
1	9	6	8	2	5	3	7	4

110

8	7	1	3	2	9	5	6	4
4	2	3	5	6	1	9	7	8
5	6	9	8	7	4	2	3	1
2	8	7	6	9	3	4	1	5
1	4	6	2	8	5	3	9	7
3	9	5	1	4	7	6	8	2
6	5	2	9	1	8	7	4	3
7	3	8	4	5	6	1	2	9
9	1	4	7	3	2	8	5	6

111

8	5	4	1	9	7	3	2	6
1	6	2	3	5	4	8	9	7
9	3	7	6	2	8	5	4	1
3	8	6	5	1	9	4	7	2
7	1	9	4	8	2	6	3	5
4	2	5	7	3	6	1	8	9
6	9	3	8	7	5	2	1	4
2	4	8	9	6	1	7	5	3
5	7	1	2	4	3	9	6	8

112

2	4	6	3	7	5	9	1	8
7	5	1	8	9	2	4	6	3
9	8	3	4	1	6	5	7	2
1	6	8	7	5	3	2	9	4
3	7	4	1	2	9	8	5	6
5	9	2	6	8	4	7	3	1
6	3	9	5	4	8	1	2	7
8	1	5	2	6	7	3	4	9
4	2	7	9	3	1	6	8	5

Solutions

113

3	5	4	8	1	2	6	7	9
6	2	7	9	5	3	4	1	8
1	9	8	4	6	7	2	3	5
7	3	1	5	4	6	9	8	2
9	8	5	3	2	1	7	6	4
2	4	6	7	9	8	3	5	1
8	6	2	1	3	9	5	4	7
5	7	9	6	8	4	1	2	3
4	1	3	2	7	5	8	9	6

114

3	4	5	7	9	6	8	1	2
7	2	9	8	1	5	3	4	6
6	8	1	3	2	4	7	9	5
1	7	4	2	8	3	6	5	9
8	9	6	1	5	7	2	3	4
2	5	3	4	6	9	1	7	8
4	3	2	9	7	8	5	6	1
5	1	7	6	4	2	9	8	3
9	6	8	5	3	1	4	2	7

115

1	8	6	7	3	5	4	2	9
7	9	5	2	6	4	1	3	8
4	2	3	1	8	9	7	5	6
2	1	7	6	5	3	9	8	4
3	4	8	9	2	1	6	7	5
5	6	9	4	7	8	3	1	2
6	3	2	8	4	7	5	9	1
9	7	4	5	1	2	8	6	3
8	5	1	3	9	6	2	4	7

116

2	8	4	6	9	7	3	1	5
1	6	5	4	2	3	9	7	8
9	3	7	8	5	1	6	2	4
3	5	6	1	8	4	7	9	2
8	1	2	7	3	9	4	5	6
7	4	9	5	6	2	1	8	3
5	7	8	9	4	6	2	3	1
6	2	1	3	7	5	8	4	9
4	9	3	2	1	8	5	6	7

117

7	5	1	8	3	6	9	4	2
4	8	3	2	9	1	5	6	7
2	9	6	4	7	5	1	3	8
9	3	2	6	5	4	7	8	1
6	1	5	7	8	2	4	9	3
8	4	7	9	1	3	6	2	5
1	2	8	5	4	9	3	7	6
5	6	4	3	2	7	8	1	9
3	7	9	1	6	8	2	5	4

118

1	3	4	9	2	6	7	5	8
6	7	2	5	1	8	9	4	3
8	5	9	4	7	3	6	1	2
4	6	7	2	3	1	8	9	5
3	9	5	8	4	7	2	6	1
2	8	1	6	9	5	3	7	4
7	2	8	1	6	4	5	3	9
9	1	6	3	5	2	4	8	7
5	4	3	7	8	9	1	2	6

119

9	3	2	4	5	1	6	8	7
8	7	1	6	2	3	4	9	5
6	4	5	7	9	8	1	2	3
4	8	9	2	3	6	7	5	1
7	2	6	9	1	5	8	3	4
1	5	3	8	4	7	9	6	2
5	6	8	3	7	4	2	1	9
2	1	7	5	6	9	3	4	8
3	9	4	1	8	2	5	7	6

120

1	5	6	3	7	2	8	4	9
4	2	8	9	6	1	7	3	5
3	9	7	4	8	5	6	2	1
2	7	3	6	1	8	9	5	4
5	4	1	2	9	7	3	6	8
6	8	9	5	4	3	2	1	7
9	3	4	8	5	6	1	7	2
7	6	5	1	2	9	4	8	3
8	1	2	7	3	4	5	9	6

Solutions

121

9	7	1	6	4	8	2	3	5
6	4	2	5	7	3	1	8	9
5	8	3	2	9	1	7	4	6
3	1	7	4	5	2	9	6	8
8	6	5	7	3	9	4	1	2
4	2	9	8	1	6	3	5	7
1	9	8	3	6	7	5	2	4
2	3	4	9	8	5	6	7	1
7	5	6	1	2	4	8	9	3

122

4	1	2	8	5	6	9	3	7
6	5	3	7	1	9	2	4	8
7	9	8	2	4	3	1	6	5
5	7	9	1	6	4	8	2	3
3	4	1	5	8	2	7	9	6
2	8	6	9	3	7	5	1	4
8	3	7	4	9	1	6	5	2
9	2	4	6	7	5	3	8	1
1	6	5	3	2	8	4	7	9

123

1	4	5	8	9	2	6	7	3
2	6	9	1	7	3	5	4	8
8	7	3	5	4	6	1	2	9
4	5	7	2	6	9	8	3	1
9	2	8	3	1	5	7	6	4
3	1	6	4	8	7	9	5	2
5	8	4	6	3	1	2	9	7
7	3	2	9	5	8	4	1	6
6	9	1	7	2	4	3	8	5

124

3	1	2	7	8	4	6	5	9
9	8	4	5	6	1	7	2	3
6	7	5	9	2	3	1	8	4
2	6	7	4	1	8	3	9	5
4	5	3	6	9	7	8	1	2
8	9	1	3	5	2	4	7	6
1	3	9	8	4	5	2	6	7
5	4	8	2	7	6	9	3	1
7	2	6	1	3	9	5	4	8

125

5	6	8	9	3	1	4	7	2
2	4	7	8	6	5	9	3	1
9	3	1	7	2	4	8	6	5
1	8	5	4	9	6	3	2	7
3	9	6	2	8	7	1	5	4
4	7	2	1	5	3	6	8	9
8	1	3	5	7	9	2	4	6
6	5	4	3	1	2	7	9	8
7	2	9	6	4	8	5	1	3

126

9	5	4	2	8	1	3	7	6
8	1	7	9	3	6	5	4	2
2	6	3	7	4	5	1	8	9
5	3	6	4	9	7	8	2	1
1	8	9	5	2	3	7	6	4
7	4	2	1	6	8	9	5	3
6	9	5	8	1	4	2	3	7
4	7	1	3	5	2	6	9	8
3	2	8	6	7	9	4	1	5

127

2	5	7	9	8	3	4	6	1
9	8	4	5	1	6	7	2	3
3	1	6	7	2	4	8	9	5
5	9	1	3	4	2	6	8	7
4	6	2	8	7	1	3	5	9
8	7	3	6	9	5	2	1	4
7	4	5	1	6	8	9	3	2
6	3	9	2	5	7	1	4	8
1	2	8	4	3	9	5	7	6

128

6	7	5	8	9	3	1	4	2
3	4	2	1	6	7	5	8	9
9	1	8	4	5	2	3	7	6
4	3	9	7	8	5	2	6	1
1	5	7	2	4	6	9	3	8
8	2	6	3	1	9	7	5	4
5	9	4	6	3	1	8	2	7
7	8	3	9	2	4	6	1	5
2	6	1	5	7	8	4	9	3

Solutions

129

7	3	8	1	5	9	4	6	2
4	1	9	3	6	2	8	5	7
6	2	5	4	7	8	9	3	1
9	5	6	8	3	7	2	1	4
2	8	3	6	4	1	7	9	5
1	7	4	9	2	5	6	8	3
5	6	2	7	9	3	1	4	8
3	9	1	2	8	4	5	7	6
8	4	7	5	1	6	3	2	9